《连城客家民间典故文化》编辑委员会

主　　任：蔡东阳

副 主 任：赖育忠　赖小香　陈荣斌　陈　祺　邱筱平
　　　　　杨晓春　李　霞　李川龙　林百坤

委　　员（以姓名笔画为序）：
　　　　　马华宗　沈小狮　张锦鸿　陈世权　林小凤
　　　　　林向荣　罗小林　罗远良　罗远雪　罗昌明

主　　编：林百坤

副 主 编：罗小林　林小凤

编　　辑：张健力　康升华

连城客家文化丛书 16

连城客家
民间典故文化

林百坤 主编

连城县客家研究联谊会 编

厦门大学出版社
XIAMEN UNIVERSITY PRESS
国家一级出版社
全国百佳图书出版单位

图书在版编目（CIP）数据

连城客家民间典故文化 / 连城县客家研究联谊会编. -- 厦门：厦门大学出版社，2024.11. -- （连城客家文化丛书 / 林百坤主编）. -- ISBN 978-7-5615-9580-0

Ⅰ.K281.1

中国国家版本馆CIP数据核字第20246RB879号

责任编辑　章木良
美术编辑　张雨秋
技术编辑　朱　楷

出版发行　厦门大学出版社
社　　址　厦门市软件园二期望海路39号
邮政编码　361008
总　　机　0592-2181111　0592-2181406(传真)
营销中心　0592-2184458　0592-2181365
网　　址　http://www.xmupress.com
邮　　箱　xmup@xmupress.com
印　　刷　厦门市明亮彩印有限公司

开本　720 mm×1 020 mm　1/16
印张　16
插页　2
字数　255千字
版次　2024年11月第1版
印次　2024年11月第1次印刷
定价　78.00元

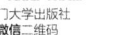

本书如有印装质量问题请直接寄承印厂调换

序　言

◎福建省客家研究联谊会会长　范美先

捧读《连城客家民间典故文化》一书，一股浓厚的地方生活气息扑面而来，让人仿佛置身于连城古老的街巷中，倾听长者娓娓道来的民间故事。

连城历史悠久，民间流传的典故丰富多彩，体现出人们对于生活、自然、社会等方方面面的认知和理解。它们不仅是人们交流、教育和娱乐的载体，也是传统文化的重要组成部分。连城县客家研究联谊会组织人员编写此书，将这些散落于民间的珍贵遗产汇集成册，旨在让更多的人通过本书了解到连城的历史和文化，以及连城人的智慧和价值观，同时也能够从故事中获得启示。从这个角度来说，编者实在是做了一件大好事。

书中收录了大量连城客家民间典故。我们看到，其中不仅有对连城历史上重大事件的记录，更多的是反映了连城人民千年来传承的爱国爱家、敬宗报本、敬老孝亲、谦逊友爱、爱岗敬业、德才兼备、褒善贬恶、重信守义等优秀文化传统，可以说，本书全方位地展示了连城客家文化的历史底蕴和独特魅力。通过这些典故，我们可以了解到连城客家人民是如何在长期的生产生活实践中，形成了自己独特的生活方式、道德观念和价值追求。此外，在编写过程中，编者力求保持民间典故的原汁原味，让读者在阅读中感受到客家人民的生活气息和情感温度，可见用心。

中华优秀传统文化在当代社会中发挥着广泛而深远的作用。它承载着丰富的历史和文化内涵，具有传承和弘扬民族精神、价值观念以及增进文化认同的功能。学习和传承优秀传统文化，有助于进行情感、品性和思想等方面的熏陶，培养人们的优良品格和道德情操；有助于汲取先人的经验和智慧，为当今社会发展提供有益的指导和借鉴；有助于强化认同感，增强凝聚力，树立文化自信；有助于加强文化交流，展示客家文化的魅力，促进文化共鉴共享。

希望通过本书的传播，能让更多的人关注和传承连城客家民间典故文化，将优秀的传统文化发扬光大。让我们共同携手，在习近平新时代中国特色社会主义思想指引下，守护好这份珍贵的文化遗产，让它在新时代焕发出新的光彩。

目　录

故事篇

岁月更迭　旧事留痕

连城历史故事十七则 ———————————— 罗　滔 / 004
连城文庙的毁建与回忆 ———————————— 罗　滔 / 027
沈童李，谢罗黄 —————————————— 罗　滔 / 033
为何称"王城" ——————————————— 江初祥 / 035
姑田地名的来历 —————————————— 江初祥 / 037
童子巷和砻糠头的来历 ——————————— 刘德谁 / 039
屯兵古镇席湖营 —————————————— 吴　鸣 / 041
太平军激战伯公岭 ————————————— 张惠华 / 043

敬祖敬业　宜国宜家

林炳星大刀留故乡 ————————————— 林家新 / 046
林坊"行祠公王庙"和"祭樟"的由来 ————— 林金才 / 048
清正廉明的张焯奎 ————————————— 林家新 / 050
端午，丞相埋"窖"连城 —————————— 巫庆明 / 052
培田两座石牌坊的来历 ——————————— 吴有春 / 054
吴琨轶事 ————————————————— 吴尧生 / 059
李抓恼一县，一县恼李抓 —————————— 罗　滔 / 062
清代名臣杨簧轶事 ————————————— 杨天佑 / 064

"振威将军"邱作训 ------------------------------ 黄瑞铭　杨天佑 / 066

同盟会会员吴建德二三事 ------------------------------ 吴有春 / 068

吴树钧其人及其画作《睡狮醒了》 ------------------------ 吴有春 / 070

吴屋巷里的三位"老先生" ---------------------------- 罗　滔 / 072

敬老孝亲　谦逊友爱

荣享皇恩"孝友祠" ------------------------ 黄瑞铭　邱尔煌 / 082

新泉"恩荣孝子坊"之由来 -------------------- 张桂生　张文林 / 084

忍让是福 -------------------------------------- 吴德祥 / 087

新泉"六尺巷"的故事 ---------------------------- 张桂生 / 089

才高行厚　勤俭兴家

张鹏翼的故事 ---------------------------------- 杨彬芳 / 094

木偶表演艺术大师徐传华二三事 -------------------- 吴尧生 / 097

"锡状元"的由来 -------------------------------- 吴德祥 / 103

版筑家声远　盐梅世泽长 -------------------------- 傅火旺 / 105

裴尚书赠联培田书塾草堂 -------------------------- 吴有春 / 107

四堡村民作巧联 -------------------------------- 吴德祥 / 108

至道禅师在芷溪留下的两副禅联 -------------------- 杨天佑 / 110

杨家坊驰名四方的木工技艺的来历 ------------------ 杨彬芳 / 112

张京翰智救恩师 -------------------------------- 张汝莘 / 113

七代秀才一脉承 -------------------------------- 杨道晟 / 115

才子邱振芳的故事 ------------------------------ 吴有春 / 117

褒善贬恶　重信守义

"文川望族"牌匾的来历 —————————————— 罗道佺 / 120
济困扶危　仁心可鉴 —————————————— 黄　坚 / 122
多做善事　与人以德 —————————————— 黄　坚 / 123
杨葆球与周仰云的深情厚谊 ————————— 杨彬芳 / 124
楼梯岭 ——————————————————— 吴德祥 / 126
铜甬端的故事 ————————————————— 吴德祥 / 128
行善得贵子 —————————————————— 张汝莘 / 131
诚实待人　一身正气 —————————————— 黄　坚 / 133
信守善心　千金复来 —————————————— 黄　坚 / 134
诚信善良的"金寿公"一家 ————————— 张桂生 / 135
飞龙社诞生记 ————————————————— 黄茂藩 / 138
朱寮满智斗知县 ———————————————— 李贞刚 / 140
机智孩童巧斗郭把总 ————————————— 罗永杰 / 142
柴刀痕与斧头口 ———————————————— 杨彬芳 / 145
客家典故三则 ————————————————— 周宗胜 / 147
"三斤鸡"变"三佰公" ————————— 吴德祥　马传清 / 149

敬心以礼　行止依俗

璧洲传统民俗举隅 —————————————— 林家新 / 152
莒溪"出初六"及其由来 —————————— 罗道佺 / 154
罗胜二月二游大龙 —————————————— 吴尧生 / 155

连城客家"姑田大龙甲天下"------周宗胜 / 157
做对岁------巫庆明 / 159
铁山罗地的"四时节令"------罗小林 / 161
朝天灵岩八乡胜会------杨彬芳 / 167

传说篇

品正行端　好人好报

白石村田螺山的传说------吴尧生 / 172
姑田漂白纸的传说------李贞刚 / 175
姑田奇石、奇山传说三则------周宗胜 / 177
无粮做粄饭，没菜炒香蛋------周宗胜 / 180
洪福公王的传说------黄茂藩 / 182
蛇骨香炉的传说------黄　坚 / 184
金鸡山的传说------江初祥 / 186
石仙庙与张国标------杨彬芳 / 188
培田卧虎山传说三则------吴有春 / 190
定光石陂的传说------吴有春 / 192
上街黄屋，做米砻谷------罗　滔 / 194
冠豸山的传说------罗　滔 / 196
开也公，一铳射千斤------刘德谁 / 197

悖理违情　有志难酬

财主变猢狲------黄茂藩 / 200

马头山	罗 滔 / 203
"出米石"的故事	张桂生 / 204
有酒嫌无糟	李贞刚 / 205

老话篇

陈年旧语　言简意赅

连城堂号典故之解读	江初祥 / 210
河源十三坊土语的故旧典章	吴有春 / 221
芷溪乡言俚语的文化内涵	黄 坚 / 223

生活百味　妙语连珠

连城熟语与幽默歇后语	罗 滔 / 228
连城常用谚语	张健力 / 232
芷溪俗语	黄茂藩 / 238
连城特色谜语	杨彬芳 / 244

| 后　记 | 林百坤 / 245 |

故事篇

岁月更迭　旧事留痕

连城历史故事十七则

◎ 罗 滔

开篇辞

自从盘古开天地，女娲伏羲始造人。周朝天子封诸侯，华夏中国有百姓。
秦汉魏晋南北朝，中原迁出客家人。黄巢造反再南走，到了汀州进连城。
崇文尚武创大业，历朝历代有精英。不惧辛劳流血汗，为国为民建功勋。
本人不把别的讲，专门讲古话连城。说得好来听一下，讲得不好请批评！

一、南宋建县

连城地处武夷东，古属扬州汉为闽。唐朝归属汀州府，长汀县内众乡村。
南宋绍兴始建县，年代已快九百春。县城设在莲城堡，就是当今莲峰镇。
东西南北六团里，方圆不过百里程。最初名叫莲城县，元代改名叫连城。
解放之后地扩大，居民多是客家人。崇文尚武尊传统，英雄辈出传美名。

南宋绍兴三年（1133），拆分长汀县的莲城堡和古田乡的六团里（北团、南顺团、姑田团、席湖团、河源下里、表正里）建立为县，以县公署驻地莲城堡而命名为莲城。元至正六年（1346），因莲城人罗天麟、陈积万起兵抗元，地名中的"莲"字被朝廷削去草头，改为连城，沿用至今。

连城建县时，东西宽120里，南北长130里，县界周长360里。解放前是一个方圆百里、人口十万的山区小县，解放后原属长汀的宣和、罗坊、四堡和清流的塘前划归连城，面积增至2500多平方公里。

连城县的居民多为第二次和第三次南迁的客家人。罗、江、余三姓于唐末和北宋迁入；马、李、华、吴、揭、谢、张、蒋、邓、童、邹、钱、陈、杨、林、项、沈、俞、王、刘、黄、傅等姓于南宋迁入；周、曹两姓于元代迁入；叶姓于明代迁入。2023年，全县人口约25万人。

二、北宋彭孙大将军

平原都市出宰相，山州草县出将军。北宋时期莲城堡，有个勇士叫彭孙。
进山不怕遇猛虎，下水敢把蛟龙擒。爱读兵书习武艺，响应朝廷起义兵。
剿灭山寇平匪患，征讨岭南跟狄青。神宗年间征西夏，破敌辎重出奇兵。
官封侯爵享富贵，河南颖昌衍子孙。功勋卓著标史册，名列县志头一名。

彭孙，字仲谋，连城城关人。少以勇敢自负，爱读兵书。宋仁宗元祐年间，诏令江南、福建等路募集兵马。彭孙"率里侠应募"入伍，随军征剿江南刘石鹘，平陷辰州贼田元猛。又随狄青"征讨岭南交趾""谕降大盗廖恩""计擒巨盗詹遇"等，战功卓著。

宋神宗元丰年间，西夏进击兰州，神宗召彭孙进兵讨河西。彭孙以三千军获辎重六万，但敌兵仍然气盛。神宗召问对策，彭孙对曰："寇未易猝除，宜坚壁以守，且耕且战。期以岁月，则兵不血刃而贼毙。"后西夏果遣使来贡，增进了边境友好往来。"凡进扎十五通，皆边防机密大事。""累官莱州防御使，陇西郡侯，食一千六百户。""孙历事三朝，恩宠甚厚。年七十九，卒于颖昌。"子孙于当地繁衍。冠豸山曾建有彭侯祠。（见民国版《连城县志》卷二一）

三、满门忠烈李文庆

宋朝大将有彭孙，元朝又出李文庆。征讨爪哇功勋著，官封汀州总管名。
长子武平继父职，三子留守在连城。贼寇攻城声势大，带领四子出城门。
挥刀杀得贼寇退，三出三入退敌兵。援兵未回贼寇入，带伤巷战杀敌人。
兄长回援时已晚，父子五人都牺牲。长兄抚尸高声哭，满城百姓放悲声。
长街送葬惊天地，日月无光布阴云。英雄远去神灵在，县志史册留英名！

连城在宋朝出了个保国安邦的大将军彭孙，在元朝又出了一位保卫家园的猛将李文庆。

李文庆，字积德，连城城关人。幼读诗书，长大后，身材魁梧，骁勇异常，路见不平即拔刀相助。元至元年间，爪哇骚扰东南沿海。元朝廷命福建行省派兵征剿。文庆在连城招募勇士千余，奔赴南疆海域，平寇以归。以军功授汀州总管，后调回连城任职，逝于家。子仲山继父职，出任武平总管。

三子李仲德在家。短健善射，好逐飞禽走兽，武艺高强。生四子：良智、良弼、良能、良明，皆骁勇。元泰定元年（1324），贼寇围连城。李仲德一面令人飞驰武平求援，一面率领县丁应敌。他和良智、良弼手持大刀，率领百余兵丁打开南门，趁敌寇前队立足未稳，冲进寇群，挥刀劈杀，杀得寇兵晕头转向，慌忙撤退到十里之外。一个时辰之后，贼兵大队涌来，仲德和两个儿子又带头冲向敌阵，杀倒敌寇一大片，逼得寇兵再次后退。接着又击退贼人的第三次进攻，但县丁已伤亡大半，仲德也身中五箭。在杀伤敌兵数十人之后，他领着儿子和县丁退入城里与敌人巷战。三子良能，年刚十七岁，四子良明才十五岁，也手舞银枪，跟着父兄苦战，最后父子五人全部战死在街头。领兵回乡救援的李仲山，抱着弟弟的尸首，放声大哭。

全城百姓也齐声恸哭，哭声响彻连城的上空。

四、文天祥挥泪垂珠岭

南宋忠臣文天祥，领兵勤王过连城。隔川乡民焚香接，洗晒军衣筑桥亭。
朋口驻兵作休整，留下地名叫王城。红头神蛙传佳话，雨天无声不扰民。
有他穿衣上桩店，还有一个垂珠岭。三位将军因病死，天祥于此葬将军。
北望中原泪珠洒，不知何日是归程？乡民随军广东去，保卫大宋留美名。
忠臣已去英魂在，铿锵誓言万古存：人生自古谁无死，留取丹心照汗青！

南宋末年，元兵南下，宋都临安（今杭州市）危急。一代忠臣文天祥散尽家财，招募兵马到临安勤王，被封为宰相，与元兵统帅谈判，被元兵绑架到南京。元兵攻入临安，俘虏宋帝北去。天祥逃出虎口，辗转江浙，回到江西重新组织军队。张世杰、陆秀夫等在福州拥立益王赵昰即位，称为宋端宗，年号景炎。文天祥闻讯，从江西率兵至福建南剑州，得知端宗已经南下，便挥师向南，追随而去。

景炎二年（1277）正月，汀州守备黄去疾降元。文天祥取道宁化、清流，率兵来到连城隔川。他们在茶亭晾晒军衣，在隔川教授乡民烧窑，留下"御衣坪""窑钱山"的地名。百姓把他们入连时经过的"新庵桥"改名为"迎恩桥"。文天祥在隔川驻扎一个月之后，领兵至朋口休整，住在"王城"，于"上桩店"穿衣戴帽，还留下"红头神蛙"和"挥泪垂珠岭"两个动人故事。

话说当年文天祥在王城驻扎之时，每天都阅读文书至深夜。有一天晚上，他被室外群蛙的叫声搅得心烦，便叫卫士抓来一只青蛙。他对着手上的青蛙说："蛙呀，你为春天唤来雨水，我很欣赏。只是我军将士日夜行军，身体疲劳，需要安静地睡个好觉，你是否可以停一停呢？"说完，就拿起手中的朱笔，在青蛙头上一点，然后叫卫士把青蛙放了。说也奇怪，外面的蛙鸣也停止了。此后这个地方就有了一种头上有个红点的青蛙，而且不会鸣叫，被人称为"红头神蛙"。

文天祥的军队受到连城人民的拥戴，有不少人主动参加他的军队。当今朋口大姓傅氏的连城开基祖傅以南，就带着三个儿子旦郎、景郎、是郎，在宁化石壁参加文天祥的军队。到了宣河里大岭背杉树坑时，他留下第三子是郎定居于此，作为日后勤王后援。本人则带着旦郎、景郎两个儿子随文天祥的队伍转战广东，卒于梅州。

人民拥护宋军，文天祥十分欣慰，但这时发生了一件伤心事，即他的龚、刘、杨三位将军病亡于此。文天祥面对三位将军的墓碑，想到国家临危，勇将离世，北望中原，热泪夺眶而出，滴落在坟头。

文天祥离开朋口后，南下广东，在零丁洋写下了"人生自古谁无死，留取丹名照汗青"的千古绝唱。后战败被俘，押解至元大都，被囚三年，写下《正气歌》，不屈而死。

后人把文天祥落泪的这座荒山称为垂珠岭，建了座垂珠亭，把三位将军的坟墓叫作"三将坛"，以永远怀念千古忠臣文天祥。

故事篇

五、马周卿标景冠豸山

连城东面冠豸山,客家神山好风景。最初叫作东田石,石山一座不出名。
元代令尹马周卿,带领县民发奇珍。开山劈石修栈道,植树砌阶筑山门。
亲自标景十三处,凿石刻字壁上存。将它改名莲峰山,香飘百里传美名。
各姓书院接踵建,书声琅琅震山林。明代秀才黄公甫,题字冠鹰滴珠岩。
从此改名冠豸山,几百年来用至今。冠豸山上功劳簿,头名要记马周卿!

被誉为"客家神山"的冠豸山,现在是连城旅游的金色名片,但它在开县以前只是长汀县古田乡的一个石头山,名叫"东田石",当时上山的只是一些樵夫和采药人。南宋绍兴年间,才有丘鳞、丘方叔侄和邓旦在此结庐读书,建了丘氏书院和尚友斋书室,供读书人求取功名之用。真正把冠豸山作为旅游点开发的,是元代令尹马周卿。

民国版《连城县志·循吏列传》记载:"马周卿,至正间由照磨(按:县府秘书)摄县尹。二十一年,红巾贼起,城署咸毁,悉修复之。建澄清阁,修儒学,辟冠豸南北堑,列冠豸十三景刻于石。"1993年的《连城县志》卷三一《名胜》中对此做了比较详细的说明,大致如下:冠豸山,在县城莲峰镇东面,离城约3公里。宋称东田石。元至正二十三年(1363)前后,县尹马周卿改名莲峰山。以其山"平地介立,不连冈以自高,不托势以自远,外直中虚,叠嶂层峦。望之若万蕊菡萏,摇曳于青标翠盖间"而命名。取山之奇胜者,标为十三处景,如苍玉峡、天梯、云栈、冠豸、桃源、清如许、芙蓉波、金字泉、白云深处、天光咫尺、苍谷、灵虚、小腔峒等,并分别以隶书勒石其间。

明代邑人黄公甫在滴珠岩的石壁上题了字径数尺的"冠鹰"二字之后,人们逐渐把它叫作冠鹰山或冠豸山。

难以想象,当年马周卿带着千名民工开山辟路,砌石成阶,于陡崖上凿出天梯、云栈,在峭壁上刻石题字是多么艰辛。在我们畅游冠豸美景之时,不要忘记这位由照磨升为县令的马周卿,他是六百多年前开发冠豸山风景区的第一功臣!

六、罗天麟起义

元朝统治失人心，南方汉人苦最深。连城山高皇帝远，文亨出了罗天麟。
联络隔川陈积万，至正六年起义兵。攻占县城招兵马，先打北路扩义军。
回师攻下汀州府，又再北上至南平。官兵数万来围堵，义军被困难前进。
苦战半年虽失败，帮助明朝定乾坤。抗元起义功卓著，英雄胆略励后人。

元朝统治者把全国百姓分为蒙古人、色目人、汉人、南人四等。各类人等，待遇不同：蒙古人最优，色目人次之，汉人又次之，南人最低下。南人原为南宋百姓，跟着文天祥抵抗元兵最坚决，其中闽粤赣的客家人尤为英勇，所以受到最残暴的压迫。文天祥抗元失败后，梅州的客家人很多被杀或逃亡。而且，元朝统治把蒙古人派到民间来当地方上的土皇帝，老百姓称其为"长上爹"，称其妻子为"长上妈"。

这"长上爹"可不是什么好人，来到地方上什么也不做，却要老百姓天天拿好酒好肉伺候。他们吃饱喝足就到村庄里寻乐，看见中意的东西就拿走，看见漂亮的女子就抢回去。谁家娶媳妇，他们就要来看新娘，看见新娘漂亮就叫主人把新娘送到府上去让他享受"初夜权"。许多百姓被他们害得家破人亡、妻离子散。

元朝统治者的倒行逆施，逼得连城人奋起反抗。元至正六年（1346），连城文亨人罗天麟、隔川人陈积万带头起义。

罗天麟，连城文亨人，家贫，世代佃农。元至正四年（1344），连城瘟疫流行，罗天麟应募入伍为军士。他在军中积极联络士卒，借茶楼、酒楼针砭时弊，抨击元朝官吏暴行，激发听者的反抗意识，并常利用公事深入乡村联络同志之人，组织人马。

陈积万，连城隔川人，是罗天麟表弟。他家资颇丰，有马十余匹，驮运食盐，往来于清流、宁化、明溪、将乐等地。他轻财重义，交游广阔。罗天麟让他联络各方反元志士，发动群众将山区石竹劈削成刀、矛，浸以便溺，烤干作为武器备用。

元至正六年（1346）六月，事情泄露。元朝官员下令捕杀罗、陈二人。

罗天麟闻讯，立即通知陈积万，下令各村同时起义，诛杀当地"长上爹"后，立即围攻县城。他自己则在县城兵营率领士卒竖旗起义，手持利刃，直奔县衙，诛杀达鲁花赤等蒙古族官吏，一举攻占县城。

义军占领连城后，立即出榜安民，发布檄文，号召百姓举义抗元。数天之内，响应投奔义军者达数千人。罗天麟、陈积万与军师饶梅生（连城白坑人）认为汀州为府城所在，敌人重兵把守，不易攻取；清流、宁化紧接连城，都是山城小县，兵力薄弱，容易夺取，而且陈积万长期在此贩盐经商，结交义士如林，易于发动群众。于是他们举兵北进，攻取清流、宁化。当时各地人民痛恨元朝统治者的压迫，早有反抗之心。义兵所至之处，投奔者不计其数，很快队伍就扩展到数万之众。汀州知府、守备惊恐万分，星夜向朝廷告急。

起义军攻取清流、宁化后，立即以迅雷不及掩耳之势挺进汀州，于七月中旬攻占汀州府城。罗、陈占领汀州后，马上分兵两路：一路向南攻下上杭、武平；一路向西攻打江西瑞金。七月底，汀州六县均为义军所占。

八月初，罗天麟、陈积万集中主力挥师北上。经过清流、宁化，转战归化、将乐，直抵顺昌，进逼延平府（今南平市），拟沿闽江东下直取福州，北上建宁（今建瓯市）入浙江。元朝统治者急忙诏令福建元帅府经历真宝、万户廉和尚出讨。八月，又令江浙行省右丞忽都不花、江西行省右丞秃鲁出兵合围。

九月，汀州复为元兵所占。

十月，起义军在延平西被元军包围。罗天麟、陈积万被叛徒罗德用暗害，其将二人首级奉以降元。后罗德用也为元兵所杀。

这场历时五个月的抗元斗争虽然失败，但有力地打击了元朝的反动统治。二十二年之后，元朝灭亡。

明朝褒封罗天麟为贵德王，建有天麟公庙。

七、金姑田，银莒溪

翠竹满山郁青青，姑田莒溪好风景。明朝开始做竹纸，一个是金一是银。
姑田纸业得发达，先驱就是蒋少林。邵武学得造纸术，回乡建槽先掘金。

莒溪罗地罗李崇，浙江学艺转家门。因地制宜做竹纸，很快挖得一担银。
连城纸业名气大，南下广东北进京。远销南洋声誉好，行商坐贾来经营。
金姑田，银莒溪，四面八方传美名。辉煌虽去名声在，就看后人怎继承。

"金姑田，银莒溪"这六个字，记录了连城的姑田、莒溪两个乡镇从明朝到民国初期造纸业繁荣的光荣历史。

据《连城文史资料》介绍，姑田的造纸始于明嘉靖年间，创始人是元甲村人蒋少林。他于明天启六年（1626）到邵武的一个小山村做帮工，学会全套的造纸技术，3年后回到姑田，把毛竹加工成青丝，造出了天然漂白的"手本纸"，奠定了姑田造纸业的基础。此后，纸槽就像雨后春笋般遍布姑田各地以及连城东部的林区村落。清乾隆年间，除原产手本纸、玉版纸、珠联纸供应国内外市场外，还生产专供宫廷用的奏本纸、京练纸和黄榜纸。嘉庆年间，姑田生产的高连纸出口到越南、缅甸等国，供卷烟及祭祀等时使用，十分畅销。光绪年间，姑田有外地人开设的纸庄9家，本地人开设的纸庄4家，年销量1万余担。鼎盛的民国八年至十年（1919—1921），姑田有漂料纸槽480多槽，年产漂料纸4万多担，从业人员7000多人，有50多家纸庄商号在姑田营业，市场繁荣昌盛。上堡的牛栏桥、中堡的马面下、下堡的坎兜店都商贾云集，热闹异常，"金姑田"由此名扬一时。

民国年间，新西兰友人路易·艾黎曾在姑田建立工业合作协会事务所，兴办纸业社。民国三十一年（1942），福建省教育厅曾在姑田创办连城高级工业职业学校，设有造纸科2个班，学生40人。

莒溪的手工造纸始于明嘉靖年间，由铁山罗地人罗李崇在浙江学会造纸技术并带回家乡，先在青石坑建厂，后发展到屏山、莒溪、梅村一带。清咸丰、同治年间为鼎盛时期，有纸槽373槽，年产纸3万多担，工人3000多人，辅助工人2000多人，纸庄商号30多家。出产土纸22种，其中纸质细平柔韧、洁白光亮的京庄纸独占鳌头，为皇宫的奏本、诏书、状元考试用纸。莒溪土纸远销京津、东北和南洋各地。当地出了7个"百万公"，经济繁荣程度仅次于姑田，所以在清代获得了"银莒溪"的美称。

八、武术高手耀群星

连城武术传美名,领头明朝黄张生。河南少林学武艺,回乡传播扎下根。
子孙继承求发展,黄家拳出隔田村。朋口温坊两兄弟,少林习武出山门。
三妹助友施绝技,七妹打虎在建宁。崇文尚武源流远,英才辈出耀群星。
解放之后更发展,各地参赛都得名。连城武术新名片,一代一代来继承。

连城武术,首推"隔口田"的功夫。

"隔口田"的功夫就是连城隔田村的黄家拳,其奠基人为明朝的黄张生。黄张生是连城隔田人,生于明洪武年间。母亲张四娘与汀州府巡检张绣同为河南老乡。张绣任职届满时,黄张生护送他回河南,被保荐到登封少室山(今嵩山少林寺)习武三年,回乡后设立武馆,教习族人,开连城武术之先河。他的后人秉承师教,将黄家武术发扬光大。明末清初的黄观杰创设"兴武社",定每年正月二十日为天川胜会,设立比武擂台,凡是习武之人均可登台打擂,切磋武艺。清顺治年间,黄思焕到浙江经商,结识宗仁黄百家,并与其师王征南结为莫逆,切磋武艺数年,得王征南少林阴阳内家拳法真传,回家后勤学苦练,取长补短,熔两家精华于一炉,用毕生精力创造出独树一帜的连城拳,传播四方。明朝以前,连城无人凭习武考取功名。有了连城拳后,人才如雨后春笋般涌现,仅清朝一代就考取了武进士10人、武举人108人、武贡生283人。

新中国成立后,连城的武术人才更是名扬四海。1983年后,参加省级以上武术比赛的优胜者众多,至笔者成文止,单黄张生的裔孙就获得个人和团体金奖98次、银奖86次、铜奖112次。1956年,连城组织隔田武术狮班参加全省武术表演,荣获一等奖。2001年8月,被国家体育总局授予第三批全国武术之乡称号。连城拳被列入全国知名拳种,成为福建省第三批非物质文化遗产。

历经六百多年,连城拳不仅流传闽西各县,还流传到湘、赣、桂、粤、台等地以及美国和南洋诸地,成为连城的一张永久性金色名片。

连城武术不仅隔田的黄家拳出名,宣和、朋口等地也有不少武林高手。

在清代的培田，出了武举人吴汉兴和武进士吴拔祯。吴拔祯为光绪皇帝的钦点侍卫，后当上了山东青州营护理参将。

清乾隆年间，朋口文坊的项三妹和项七妹两兄弟到少林寺学武，出师时冲过重重关卡，打出庙门；后又遇名师，学到"踩脚色"和"踢双飞"的绝技。隔田的黄敦友，五个儿子被江西瑞金的"五虎将"害死。项三妹见义勇为，帮助黄敦友打败"五虎将"。福建建宁府闹虎患，项七妹揭榜打虎，将一把三十斤重的铁伞插进老虎口中，然后把伞撑开，将老虎降住拖至城中，并用拳头将老虎打死，后来自己也因伤重而死。当地人建造了一座"七妹庙"纪念他。兄弟俩创造的项氏拳，如今也得到保护和传承。

九、县令爱民留青史

菩萨慈悲救众生，包公断案号公正。县官守土尽职责，青史留名百代存。
卓库首令筹划苦，周卿建亍好用心。大纬救灾解民困，李夳解讼暖如春。
蒋玑平寇身殉职，尚忠重教育精英。当官能为民做主，百姓感恩记在心。
青史留名记县志，地名土语留英名。不信请看邓光陂，就是缅怀邓县令。

在连城800多年的历史中，有过260多个县令。他们之中有不少恪尽职守、勤政爱民的好官。如：

卓库：南宋绍兴年间的长汀县丞。连城建县时命他摄事，寻升县令，从绍兴三年任至绍兴六年（1133—1136）。他受命于连城草创之时，白手起家，审时度势，编制建县规划；不辞劳苦，奔走于城乡之间，指挥各项建县事务，劳苦功高。卸职之后，隐居于连城卓家演。其子孙繁衍于福建上杭，广东平远、东莞、梅州，以及广西、湖南、四川、台湾各地，人丁兴旺，人才济济。

李夳：字季纯，福建崇安人。南宋绍兴间为县令，爱护百姓，尤善于解决民间纠纷。有两兄弟争家产，诉讼至衙门。李夳不是在公堂之上各打五十大板了事，而是将他们带进后堂劝导说："兄弟如手足，理应互相帮持。父亲传给你们家财是为了子孙安居乐业，你们却为争一点财产，诉讼至公堂，让你们父母脸面无光，实在令我心寒。你们回到父母墓前好生反思一下，再来找本官公断。"兄弟俩回去以后，各退一步，重归于好。老百姓作歌赞道：

"讼者息争,居者居仁。李公为政,百里如春。"

马周卿:元代连城县令。修复被贼寇毁坏之衙门、儒学,开发冠豸山风景区。事迹见上文。

蒋玑:平乐人,举人,明正德年间县令。见邻县被贼寇骚扰,即组织县民修筑城墙七百余丈以守土安民。当时,赣、闽、粤交界的大帽山发生暴乱,朝廷调集赣、闽官兵进剿。正德七年(1512),他领着县丁前往武平挂坑征讨,在黄沙寨战斗中为民军所执,不屈而死。朝廷追授蒋玑为同知,立忠惠祠崇祀。

牛大纬:号文野,广东琼山人,明万历年间任知县五年,遇上大饥荒三次。他为民请命,向上司申请救济银数千缗(一缗为一千文钱),多次开仓放粮赈灾,救活许多灾民,掩埋死者,泽及枯骨。离任之日,全城百姓哭送数十里。

徐尚忠:高安人,拔贡,清乾隆十三年(1748)任县令。重视文化教育,亲自选送俊才到冠豸山五贤书院读书,捐资佐膏火,并为学子授课。他主编的乾隆版《连城县志》为后代修志提供了翔实资料,是被人誉为"今一开卷,而连城数百年之因革,数百里之利病,森然立于其前"的好书。

邓万皆:清代县令。清嘉庆十二年(1807),他组织群众于镇南关外筑起一道石陂,把文川溪水拦进圳沟,引到城关西水门、南门头、东水门前,解决了城内居民的饮水困难。群众感谢邓县令,称之为"邓公陂"(土音"邓光陂")。邓公陂是城关老幼皆知的地方,位于文川溪上游的城西村,南临城关的水南尾,西临童子巷村,是一条拦水石坝。拦入圳沟里的溪水,清澈透明。早晨供老百姓挑水煮饭,其他时间洗衣。解放前夕邓公陂被洪水冲毁,解放后重修了两次,一直为城关人民服务至20世纪70年代。2023年,邓光陂进行了全面整修,面貌焕然一新。

十、邹圣脉增补《幼学琼林》

京都大邑多英俊,山乡茅屋有异人。四堡乡贤邹圣脉,学富五车腹经纶。
才高不走科举路,甘居陋室刻诗文。增补幼学功劳大,传承儒学串古今。
三言两语描真谛,一目了然快知情。声韵铿锵好背诵,易懂易记少费神。

谁说乡间无志士，谁说巷里无能人？请看四堡邹圣脉，哪个状元能比拼？

在中国古代的文人中，有些人饱读诗书，不慕名利，不进官场，甘居穷乡僻壤，著书立说，留名后世。清康熙年间，连城四堡的邹圣脉就是这样的人。

邹圣脉，字宜彦，号梧冈，清康熙三十年（1691）生于连城四堡雾阁。祖周桢、父仁声是古籍雕版印书业者。梧冈自幼聪慧，六岁入家塾，十三岁读经史。稍长，博览群书，天文、地理、经史百家无不涉猎。工文学，善书法，为清代名声颇著的学者之一。

梧冈一生资质忠良，言行一致，好学深思。年轻时，他就认识到：读经能立德，学史可明志，习诗词能养性。他以先贤为楷模，孜孜以求，身体力行，直而不曲，铺筑了一条超常之路。

当时，经济文化均呈现发展趋势，同时以科举笼络士人。然而文字狱的残酷株连，使幼读经史的梧冈愤慨无比，决心放弃功名仕禄之途，潜心著述与校注版籍，扩大印书业。其书籍版本、纸张、印刷、装订、缃帙均极精致，且严加校勘，以质取胜，在士林中信誉极高。四堡各书坊争相仿效，故四堡书籍行销全国，为弘扬中华文化做出了重大贡献。

梧冈一生著作甚丰，有诗文辞赋及名家巨制之笺注评点多种。其诗词多委婉含蓄，书法源自钟（繇）王（羲之）而自成一体。笔法潇洒清丽，圆润中显劲道，尽得钟王神韵。见其真迹者，均赞之跃龙飞凤，光彩夺目。

他一生最大的功绩是增补《幼学琼林》。《幼学琼林》是儿童启蒙读物，内容广博，包罗万象，是中国古代的百科全书，由明末西昌程登吉首编，邹圣脉增补。全书用对偶句写成，便于记忆背诵。据统计，邹圣脉共增文343联，内容涉及天文地理、人事政治、婚姻家庭、草木虫鱼等。经过邹圣脉增补的《幼学琼林》，内容更加广博深厚，让中国古代文化更加深入人心。古人评价说："读了《增广》（按：《增广贤文》）会说话，读了《幼学》（按：《幼学琼林》）会读书。"

清乾隆二十七年（1762），一生欺霜傲雪的邹圣脉，终因折磨成疾而溘然长逝，享年七十二岁。

十一、童能灵攀登理学高峰

四堡书坊藏圣脉，雁门书院育能灵。家居城关大童屋，书香门第好名声。
先祖童玺为知府，父亲勤学贯五经。继承父教学问好，淡泊名利弃功名。
寒灯孤馆豸山下，攀登理学十余春。又赴江东拜师教，归来立说著理经。
晚年执教漳州院，传经送宝育儒生。端然独坐归天去，一生潇洒似青云！

童能灵，字龙俦，晚号寒泉，连城城关人，清康熙二十二年（1683）生于一个世代书香之家。高祖父是明成化年间的云南省澄江府知府童玺，父亲童正心是连城有名的经学大师。童能灵是他父亲的传人。

童能灵自幼聪慧颖悟，立志学习圣哲先贤之书。他补廪生之后，深感连城穷乡僻壤，交通闭塞，信息不灵。于是往金陵考先朝遗迹，到闽北访武夷精舍，广求朱子遗书，归而筑室冠豸山下，潜心探索格物致知、正心诚意之学十余年。

童能灵一生悉心治学，在冠豸山下与"孤馆寒灯"相伴，钻研古代名家巨著，"商订旧学"，从不懈怠。"时北壁破，风气栗烈，以草荐障之。"来访友人无不惊叹其专心治学之毅力。

他对功名举业和荐辟当官毫无兴趣。清雍正六年（1728），乾隆三年（1738）、九年（1744），历任学正皆举荐他入贡或保荐入太学，能灵均辞却不赴，在家埋头读书。他治学严谨，文笔质朴，论证清晰。他探幽溯源，辨微析文，阐发原著真谛，不随流俗，而皆有独到创见，被后人誉为清代前期闽中著名理学家。他一生著述甚丰，曾刊刻行世的著作有《理学疑问》《朱子为学考》《周易剩义》《周礼分辨》《乐律古义》《河洛太极辨微》等。

清乾隆十年（1745）春，汀、漳、龙道台聘童能灵主持漳州芝山书院。在漳州执教七个月之后，于同年八月二十六日，因"微疾，端坐瞑目而逝"于漳州芝山书院，享年六十三岁。

十二、谢凝道父子进士

水向低流人向高，鸟向天飞上青云。点灯夜读三更后，读书科举求功名。

冠豸山中书院立，东山草堂育儒生。谢家凝道特优秀，首中进士上朝廷。
邦基随后跟上去，也中进士进京城。父子进士实难得，为官清正更可钦。
父亲云南兵备道，儿在粤陇为官正。传播儒学重教化，除暴安良恤平民。
百姓仰恩生祠立，清官史上标姓名。江左风流真名士，则徐题匾挂门厅！

故事篇

客家人崇儒重教，以熟读诗书、求取功名、光宗耀祖为荣。清嘉庆年间，连城县有三人考中进士，走上仕途，分别是谢凝道、谢邦基父子和华定祁。

谢氏为连城六大姓之一，其始祖在南宋年间从宁化石壁迁来连城城关。谢氏家族素来重视教育，明代就已在冠豸山建立培养谢家子弟的书院——东山草堂。

谢凝道，字芝田，连城城关人。清嘉庆元年（1796）进士，授吏部稽勋司员外郎，掌管文书印信。后升考功司郎中，任户部宝泉局监督，掌管货币铸造。嘉庆七年（1802）为礼部会试同考官。不久，外放广西任梧州知府。任内积极维修考棚，创建书院，捐资佐生员灯油费。还设立赈济机构，创建育婴堂，收容孤儿弃婴。当地百姓十分感激，在他调离梧州提升为云南迤西兵备道后，为他请祀名宦，载入地方史册。

在任云南迤西兵备道期间，谢凝道深入滇西边远地区视察。为了解决民族之间的矛盾，他除了采取轻赋税政策并给土司一定权限外，让拥护中央政权的顺宁、腾越等边境上的少数民族首领继续当土司，对少数闹事的首领则施加一定的压力，直到他们心悦诚服为止。结果，云南各少数民族都归顺于朝廷，祖国西南边疆得以巩固。

谢凝道在云南创办了桂香书院，亲自讲学，向各族青年灌输儒家大一统思想，并捐置田百亩，以资膏火，还倡捐乡里会社捐助考试费用，以利于贫困士人进取；重建了云龙、永平两座大桥，并捐献自己的俸银置田，作为永久维修桥梁费用；还修复了楚雄盐井，为人民解决食盐困难的问题。离任时，云南人民为他建生祠纪念。

归故里后，谢凝道对家乡的教育事业也很热心，除倡修本省贡院，扩充号舍九千间外，还重修省、郡、县学宫。他提捐连城培元乡会卷资，使"士林得沾其惠"。清道光四年（1824），谢凝道逝世，享年60岁。

谢邦基，字洛初，谢凝道之子。幼聪颖俊逸，更兼谢凝道管教严格，督导有方，文章道德迥异同辈。清嘉庆十五年（1810）举乡试，十六年中进士。铨选为甘肃陇西知县，后调任广东海康、海阳知县，署甘肃安定知县。嘉庆二十三年至二十四年（1818—1819），任乡试同考官。

在海康三年，他修堤坝，筑口岸，建书院，修考棚，使人民安居乐业。离任后，海康县人民筑亭于湖心，题书"谢公亭"以纪念之。

在海阳任内，他除强暴，诛掳掠，清积案，设义学，恤孤寡，兴利除弊，潮俗为之一变。

调署安定期间，他行保甲，息械斗，缉强盗，诛奸宄，免赋税，群丑敛迹。所历诸县，政简刑清，廉洁秉公。

谢邦基与林则徐是同科进士。林则徐为谢邦基书写的题匾"江左风流"，如今仍挂在连城冠豸山东山草堂书院的大厅上。

十三、华定祁两袖清风

县城出了两进士，曲溪亦有进士人。定祁仕途多坎坷，名落孙山三十春。
考中进士须已白，年过半百始进京。不善逢迎遭冷遇，候缺多年才出门。
外放广东蛮荒地，百姓好斗官难平。定祁深入民间去，劝和息讼解纠纷。
宽大为怀平贼乱，岭南百姓尽感恩。古稀告老回乡里，路上遇匪被搜身。
人言三年清知府，腰缠十万雪花银。谁知遇上华定祁，搜遍全身无片文。
贼人感动将他送，平安无事转家门。清白高士人间少，蒲溪翠竹永青青！

华定祁，字叔宋，连城姑田里蒲溪人，生于清乾隆六十年（1795）。清道光二十五年（1845）中进士，被选为农部主事，后外放为广东韶州、惠州知府。

华定祁的父亲叫华文辉，生有五子，定祁居第三。父亲指望他学富而仕，光宗耀祖，七岁就送他入友松书院读书。经过一番埋头苦读，他从二十一岁开始参加汀州府科考，直到道光四年（1824）才中秀才，时年三十岁；道光十四年（1834）赴省乡试，中第三十一名举人，时年四十岁；道光二十五年（1845），赴京城会试，中第九十二名进士，时年五十一岁。华定祁从二十一岁到五十一岁的三十年间，多次名落孙山。他写诗自嘲说："身无靠背袋无钱，富贵功名水月圆。岁岁奔波须发白，苍天负我泪珠涟。"

华定祁中进士后，因不擅逢迎，在京候缺多年，至清咸丰五年（1855）才补缺农部主事。咸丰八年（1858），被外放出任广东韶州知府。清同治元年（1862），调任惠州知府。在广东任职期间，用为人正直、博学多才的侄子华时英为助手，帮他处理内务和人际交往，自己则深入民间，了解民情，组织县民发展农桑，多作公益，使社会安定，物阜民康。在韶州时，发生了一次官兵与民间武装的冲突。他对从民间武装逃出的士兵都亲自询问，给所有要求回原籍的士兵发放路费和通行证，让几百名士兵各自回家，维护了社会的安定。在担任惠州知府期间，所辖十县，民间族群械斗事件很多，社会秩序混乱。定祁到任后，即分头到各地劝阻、教育，不到两个月就平息一半以上，当地人民十分感激。惠州府西边湖畔有座五先生祠，年久失修，已经倒塌，定祁捐出自己的俸银将它重建。惠州百姓感激华公恩德，将他的生辰牌位奉入五先生祠，让后人崇祀怀念。

华定祁当了二十年知府，两袖清风，七十三岁从惠州解官回乡时，身边只有十三担书籍和六担旧箱笼。二百两路费还是惠州巨商伍寅和赠送的。

有一伙强人认为"三年清知府，十万雪花银"，华定祁定然有大量金银财宝，于是在途中将其拦劫。可翻箱倒笼的结果，只是在华定祁身上搜到沿途城市兑取的银票七十两和几两碎银子。这些人深受感动，分文未取，还派人护送一程。

回到家乡后，华定祁建了一座藏书楼，名为"日新楼"，吟哦讽诵，过着"村南村北聚烟花，酒米油盐半是赊。岁末飞凫何处觅，无钱偿债却无哗"的清贫日子。曾到汀州府梧枫书院讲学三年，深受社会名流崇敬，终年八十岁。

十四、童子军大战太平军

冠豸山顶起乌云，连城来了太平军。后山险道被攻破，县民死难三千人。刀兵四出收钱粮，乡里无人敢抗争。迪坑村小不理睬，日夜操练童子军。双方激战腾云背，领头江家父子兵。父亲昭翰先出马，儿子于榜随后跟。

小将年方十九岁,不怕大将彭大顺。勾刀缠住大刀斗,喊声如雷震山林。硬把敌将拖下马,冲天豪气压强兵。双方拼杀红了眼,血染山头各退兵。父子五人只剩一,带领队伍转回村。英雄故事成历史,浩气长存迪坑村!

清咸丰七年(1857),太平军石达开的石镇吉部由长汀过来,攻陷连城,后自动退走。咸丰八年(1858)九月,太平军大队人马由宁化入连城。连城乡勇裹粮往四堡阻击。一经接战,即被太平军的火枪打得晕头转向,溃败而归。太平军跟踪而至,初十日攻陷县城。县令携带印章,弃城涉水逃走。连城县民自发上冠豸山凭险据守,在一线天周围建立营寨,并派重兵把守前山寨门。九月二十九日,太平军大队人马用火炮佯攻前山寨门,而阴贿土人为向导,由南堑悬崖爬上山顶,用火炮攻击一线天周围营寨。守前山寨门的人不知后山已被攻破,高喊着"往一线天走"并后撤,在一线天遭到太平军前后夹击,有的被杀,有的跳崖,死难者达三千人之多。这是连城历史上最大的一场浩劫。

咸丰十年(1860),太平军向四乡征集钱粮。冠豸山右侧的迪坑(原属清流,后划归连城)不予理睬。这里的村民大多姓江,素来尚武。他们看到冠豸山遭屠戮的情景,便以江氏第十五代裔孙江昭翰为首,组织起一队童子军来保卫村子。

咸丰十一年(1861)二月的一个早晨,彭大顺率领数百名太平军乘着夜晚发兵至迪坑,童子军出村阻击,双方在腾云背坑的一块田垄里厮杀。彭大顺手握大刀纵马而出,要与江昭翰单挑。

"打虎亲兄弟,上阵父子兵。"十九岁的四子江于榜手持勾刀一跃而出,跟他来个勾刀对大刀。

久经战阵的彭大顺看到眼前的年轻人,哈哈大笑,一阵刀风就向江于榜颈上袭去。江于榜往后一跳,退了五步,大刀落空。彭大顺反手又是一劈,江于榜又是往后一退三步,然后顺势一跃,跳到彭大顺的马后,对着马屁股就是一刺。那马痛得一跳,把彭大顺从马背上掀了下来。彭大顺就地一滚,再与江于榜步战。彭大顺刀长力大,江于榜个小灵活,一个上下翻刀,一个腾挪跳跃,打了十几个回合,看得两边士兵都傻了眼。说时迟,那时快,彭大顺前身大开,江于榜反手一勾刀,刺中了彭大顺的心脏。彭大顺往后倾倒,随手大刀一挥,刀尖挂破了江于榜的咽喉,小将倒地而亡。

太平军兵勇和江家父子同时冲上去救护各自的战将。经过一场混战,太平军死伤一百多人,主帅彭大顺血流不止而死。江昭翰和二子于兴、三子于源、四子于榜皆战亡,大儿子江于将带领余下的童子军回到村里,通知村民连夜撤离。第二天,彭大顺的妻子带领数百兵丁血洗迪坑,杀人烧屋,死者数百。

咸丰皇帝追封战死的江昭翰为五品蓝翎奉直大夫,江于榜为五品蓝翎飞虎将军,江于兴、江于源为护卫将军,重奖长子江于将六品军功,还特意颁发了一块圣旨牌。

十五、罗学敏修建竹安寨

豸山死难三千人,全城遍地哭哀声。城北少年罗学敏,痛定思痛找原因。
豸山虽险难防守,马头山凹更安宁。若能在此建石寨,乱世更好避刀兵。
二十少年生梦想,年过五十梦始成。组织同人齐心干,风吹雨打五年春。
凿石筑阶建石寨,做成共耗四千金。平时读书战时躲,取名竹安求安宁。
三十年间无战事,四乡八里享太平。叹惜古寨早已毁,空留明月照石门!

冠豸山三千人的死难,引起一个十四岁少年罗学敏的深思。

罗学敏是连城城北罗氏二十代裔孙。民国版《连城县志·乡行列传(下)》有他的事迹:

> 罗学敏,字志修。幼不凡,家贫,自攻苦,长益勤愤,为潮河纸纲董事,整纲饬纪。邑中如建义仓,联保甲,设卯金,兴学校,皆首倡身任,力底于成。遇有疑难,一言立决。重修大埔会馆,督修本县城垣,劝捐豸山膏火,于族则捐产培尝,凡亲党死葬生存,皆善为安置。治家严肃。年七十,无疾而终。

从县志所载的资料看,他是清末连城的一位贫苦出身,自学成才,对连城纸业做出了重大贡献，对建义仓、办学校、修会馆、筑城墙、支持冠豸山书院等各项社会公益事业都慷慨捐资的乡贤。

罗学敏建竹安寨的事迹，民国版《连城县志·名胜志》也有明文记载：

> 竹安寨在揭坊，距城东北十里，离冠豸可三里许，亦曰马头山。旧志：马头山怪石昂藏，状如马首。俗传遇风雨夜，能嘶鸣，则居人不靖。元季雷陨其首，石尚存焉。旧有寨。清光绪间，邑人罗学敏醵金建社改筑，房屋栉比，形势整齐，可比冠豸。

罗学敏本人写有《重修竹安寨记》，记录了他重建竹安寨的心愿和经历。他认为当年冠豸山惨剧发生的原因：一是思想麻痹，盲目轻敌；二是冠豸山不够险固，容易攻破。清同治三年（1864）冬，从南京败逃的太平军残部流窜到上杭南阳，连城百姓逃到竹安石避乱者数百人，他和家人也在其中。他将竹安石的地形与冠豸山比较，觉得这里比冠豸山更易坚守，便产生了在这里修建竹安寨的愿望。这时的他，正好二十岁。

清光绪二十四年（1898），五十四岁的他已经是誉满全城的乡绅了。他开始实施深藏了三十四年的夙愿：第一步，邀集县内部分姓氏知名人士，到山上踏勘山势地形，研究规划。第二步，将那些认同参与者组成保安社，发动社员捐资。第三步，先让保安社买下下半截的山场，再让保安社跟揭坊庆元神社签订合约，合用上半截的山场，把整个山场连为一体。第四步，制定建设章程，上报县衙门批准立案。第五步，雇请民工。

各项准备工作完成后，于光绪二十四年（1898）十月初三日正式开工。罗学敏亲自带领保安社成员和民工，"筑砌沿途道路，创建周边石垣，筑水塘，凿石级"，"开基砌址，架厂筑房，戴月披星"，"共计四千余金，五年竣事"。山寨建成后，因该地满山翠竹，故名之为"竹安寨"。

竹安寨建成于光绪二十九年（1903），罗学敏当年五十九岁。民国三年（1914），罗学敏无疾而终，享年七十岁。

建成后的竹安寨是什么样的呢？连城冠豸山风景旅游词这样介绍：筑有堑门，隶书为"竹安寨"。寨内依山势建屋三十九间，厅堂、居室、厨房、仓库一应俱全。旁侧石崖上开凿一方水池，积蓄雨水，供饮食用。通往后山处亦筑一道堑门，设防把守，切断通道。摩天岭顶也有一道堑门，炮台、枪眼俯卫石阶唯一通道，有一夫当关、万夫莫开之险。看来这确是一座精心设计、易守难攻的古寨。

竹安寨的建筑物在20世纪30年代毁于火，只剩下一座烧不掉的石头门，在清风明月中，展示历史的沧桑。

十六、万众一心齐抗日

七七事变卢沟桥，全民抗日掀高潮。师生上街宣抗战，商人捐款把钱交。
青年当兵报国去，老人妇女把家保。省府内迁到永安，文人汇集莲城堡。
京剧团演爱国戏，作家编发救亡报。到处高唱《满江红》，精忠报国胆气豪。
县衙北面有碉楼，敌机一来响警报。学生放学回家走，居民疏散防空壕。
紧急警报连三次，防空洞里去躲好。一天下午敌机来，绕了一圈回头跑。
大家以为已没事，防空洞里出来了。敌机突然转回头，一串炸弹东门抛。
炸死百姓四十人，血肉横飞挂树梢。哭声惨烈震山河，惨不忍睹恨难消。

1937年抗战全面爆发后，日寇侵占了福州、厦门和南平，福建省政府搬到永安。随着省政府的内迁，一向寂寞冷清的连城一下子来了许多人：

一是国民党省党部搬到了连城，人数虽然不多，但官大，最大的官员是省党部主任委员陈肇英。二是从福州来了一批银行和邮电部门的员工家属，在连城安家。三是建了一个荣军教养院，来了不少伤兵，还有个孙院长。四是从福州来了一个京剧团，在连城住下演出。名演员是小旦郑桂芬，一些人为她倾倒，好多人会唱几句《四郎探母》的"我好比笼中鸟……"五是日寇打到广东潮汕，不少潮州女性逃难到连城，成了连城人的媳妇。六是路过的安徽马戏团在连城演出了两次，让大家大开眼界。七是来来往往的江湖客，有卖"梨膏糖"的，卖"鹧鸪菜"的，还有耍猴子的，打竹板讨饭的……八是从外地来的文化人，如医生、教师等，小学、中学都有外地人当教师。九是在文亨的圆岭上建了一所省立连城师范，为连城培养了一大批小学老师，附近几个县也有不少人来此读书。十是经常有军队过境，他们来时，文庙就住满了人。

一时间，连城县城的空房都租出去了，有的人住到了城外。比如荣军教养院的孙院长就住在北门外李园下。

全国军民万众一心齐抗日，山城连城也涌起抗战浪潮。城墙上写着岳飞的"还我河山"四个大字，全民学唱岳飞的《满江红》，同仇敌忾，团结抗日。

首先是学生们打冲锋。七七事变之后，县立中学学生在进步教师何其伟的宣传组织下，结队上街游行。他们高呼"打倒日本帝国主义""保卫祖国，保卫华北""抵制日货"等口号，在街头演讲，号召大家抗日到底。他们还组织学生进入商店清查，搜出日货，在大桥下烧毁以示抗战决心。随后，莲峰小学、金山小学和四堡、莒溪、姑田等地的小学也相继展开抗日宣传活动。

紧接着，社会各界也积极行动起来。8月，连城抗敌后援会成立，下设劝募、锄奸、宣传、慰劳等工作团。9月，县成立救国公债劝募委员会，到年底完成5万元法币的劝募任务。这一年，国民政府实行征兵制，连城按征兵条例施行征兵。

1938年冬，国民党福建省党部主编的抗日报纸《大成日报》和《闽西日报》在连城印刷出版发行。从福州来的京剧团在连城演出京剧，宣传抗日。明耻、县中的师生经常排练抗战剧目，上街演出宣传。

1944年，国民政府发出"十万青年十万军"的号召，连城有100多名青年参军，在县文庙集中后，到武平岩前集中，开赴抗日前线。

十七、周仰云独资建明耻

民国之后办新学，小学林立各乡村。县中建校于文庙，明耻创办立东城。
捐资办学功德在，贡献最大周仰云。仰云先生家周屋，商业学徒苦出身。
潮州销纸先开路，泰国烟叶后继承。经营有方成富有，不忘桑梓读书生。
三万银圆建校舍，十万银圆作保金。办成中学叫明耻，支持抗战含义深。
培育连城后生辈，为国为民育才能。解放之后为一中，子孙三代再添薪。
儿子千和孙年茂，再为一中献爱心。建筑新楼添设备，鼓励学子设奖金。
莘莘学子拼高考，清华北大都有名。连城教育基础好，感恩华侨周仰云！

客家人崇儒重教，连城人素来重视教育。早在宋代就有丘鳞、丘方叔侄在冠豸山建立丘氏书院和邓旦在石门岩建立尚友斋书室。到了明清时期，全县除有儒学外，还有书院20多所，比较著名的有冠豸山的修竹书院、东山草堂、五贤书院，城北文昌阁的培元书院，在原莲峰小学的文明书院，姑田中堡的紫阳书院，宣和培田的南山书院等。

民国以后，连城城乡兴办了几十所小学。连城办中学始于民国三年（1914），由吴海澜等倡议集资，在冠豸山五贤书院内创办豸峰中学，因未获省教育厅批准而停办。民国四年（1915），县知事周赓慈倡办县立中学，将停办的豸峰中学的学生转为县立中学第一届。是年秋，招学生2班100余人。先为四年制，后改为三年制。民国十六年（1927），还招收一班高中学生，共毕业学生16届500余人，至民国二十一年（1932）停办。全面抗战时期，又兴办了私立明耻中学和县立初中。

民国二十七年（1938），由李云霄、邓光瀛等倡议，征得旅泰华侨周仰云同意，由他独资兴办了私立明耻中学。

周仰云，连城著名旅外华侨，清光绪十一年（1885）出生于连城文亨周屋村的一个中产家庭。清末，家境中衰，周仰云入学数年即弃学赴姑田当学徒，以勤奋机敏为店主所器重，被派往广东潮州，负责推销土纸。土地革命时期，国民党封锁革命根据地，土纸生意停滞，他赴泰国经营烟叶，生意繁荣，企业兴旺。

七七事变后，抗日战争全面爆发。周仰云爱国情殷，支持桑梓抗日力量。民国二十七年（1938），连城教育界人士邓光瀛、李云霄、童近宸、罗莲舫、李师张、李少韩等倡议创办明耻中学，然资金难筹，适仰云侨居泰国，驻足香港，有支乡援国之意。李云霄等遂携函赴港与仰云商议。仰云欣然答应，复函"愿独资兴办"。时省教育厅规定，凡创办私立中学，需筹资10万银圆存于中国银行方可立案。然因日寇正谋南进，泰国烟业收缩，银根紧压，仰云在泰之商业处境困难，但仰云仍倾全力，将10万银圆如数交李云霄存入长汀中国银行，明耻中学如期开办招生。仰云另汇3万元作为修建校舍和添置教学设备之用。以东台山原县立小学遗址为校址，兴建仰云楼1座（教室8间，办公室2间），实验室、礼堂各1座，另平房教室3间，教师宿舍1排。办公费

故事篇

至1949年均由仰云提供。初期学生较少，后期班级增多，增办高中，一般为12个班，学生400余人。

明耻是私立学校，收费较高，入学人数较少。为了让更多学子有升学机会，连城地方人士又酝酿成立一所县立初中。经过罗莲舫等乡贤的努力，于民国三十一年（1942），连城又增办县立初中，简称县中。校址设在县文庙。学校规模一般为6~8个班，学生300余人。

新中国成立后的1951年，明耻与县中合并为连城一中。周仰云的儿子周千兴、周千和及孙子周年茂等继续支持一中办学，捐资兴建了敬和楼、年茂楼、仰云文化公园等，为连城一中添砖加瓦，做出贡献。

结尾辞

冠豸巍巍入云天，文川弯弯沃良田。豸山塑造英雄胆，文水洗磨壮士肩。
多少英雄抒壮志，几多壮士志未圆。英贤已随流水去，故事散落在民间。
前人故事今人讲，今人故事后人传。溪水潺潺流不断，古今相连一线牵。
了解过去多苦难，更知今天日子甜。祝愿连城更美好，继往开来谱新篇！

连城文庙的毁建与回忆

◎ 罗　滔

一

文庙就是大家非常熟悉的孔庙。孔庙在全国各地都有，名称多种多样，其他还有孔子庙、夫子庙、学宫、学庙、先师庙、黉学等。

据《连城县志》记载，连城建县于南宋绍兴三年（1133）。绍兴四年（1134），首任知县卓庠即创建儒学。连城的儒学历经八百多年，毁建达数十次之多。

（一）宋代

绍兴四年（1134），知县卓庠始建儒学于县治（县衙）之东南隅（今县商业局及其宿舍所在地）。五年，冯锐迁于县东南尉司，诏建举子仓。八年，刘国瑞建学舍。

乾道五年（1169），知县常闿迁复旧所。

淳熙十四年（1187），知县刘燝修房舍。

绍定三年（1230），寇乱，兵驻儒学，屋宇毁坏。五年，知县米巨宏重修。

嘉熙二年（1238），郡守戴挺建万桂贡士庄。

（二）元代

至正二十一年（1361），儒学火于红巾军。二十四年，摄县尹马周卿重建。

（三）明代

洪武二年（1369），皇帝下旨，令各郡县建立儒学。七年，知县刘雍修正殿和堂下的左右廊屋。八年，立社学。

宣德元年（1426），知县吴衡增置斋舍。

成化八年（1472），建明伦堂。十二年，建斋舍。十五年，迁棂星门于街内，建兴贤、育才二坊。二十八年，改射圃为演武亭，正德六年（1511）改为前庙后堂。

正德八年（1513），填学后污水池。时漳南道金宪胡琏到县巡视，见儒学后墙倒塌，墙外有污水池，臭气熏天，自己捐金买地，令县里改造。知县郑僖、王理先后主持填池改建。

嘉靖五年至二十七年（1526—1548），知县方进、县丞杨汝楫，先后建尊经阁、聚奎楼，号舍四十间。

万历元年（1573），改前庙后堂为左庙右堂。二十八年，县令徐大化又改为前庙后堂。三十二年，扩建学前池。四十年，泮池建桥三。四十二年，县令丘大成改正学宫，拓明伦堂。四十五年，县令雷同声于学后建文昌阁。

崇祯九年（1636），修东西庑启圣祠。十七年，修文庙牌位明伦堂。

明代二百多年，连城社会安定，经济发展，民风淳朴（民间俗称忠厚老实的人为"明朝人"）。历任县官廉洁奉公，尽职尽责，崇儒重教，把文庙作为中心建设项目。他们带领县民前赴后继，建筑了圣殿、后堂、东西庑、明伦堂、尊经阁、学舍、学前池、泮池、文昌阁等，建成了一个规模宏大的连城文庙建筑体系。

文庙供奉的是"天地君亲师"的"师"——大成至圣先师孔子，他是封建社会政治文化的精神支柱。儒学是一个地方的最高学府，是培养科举人才的摇篮。明代对儒学的重视，使得连城的人才首次簇拥而出。连城在宋代只有丘鳞、丘方两个进士，元代则完全没有。而到了明代，涌现出李子清和姚恭2名进士、童玺等42名举人和245名贡生，在连城的文化史上写下了光辉的一页。

（四）清代

顺治四年（1647），毁于寇。十年，知县田生玉建圣殿于明伦堂旧址，移明伦堂于左肩。十六年，知县盖继孔改建圣殿于原址，高其基，正其方为壬丙。

康熙元年（1662），修殿庑、宫墙、棂星门。十二年，立义学。二十三年，建塔于县北吴坊演武亭河背（今存其半，俗呼"半塔"）。三十九年，知县赵良生重建明伦堂。

雍正十二年（1734），重修。时棂星门犹植木为之，后渐朽坏。太学生李身守易以石。

乾隆六十年（1795），士绅谢国瑚等捐资倡修。

嘉庆四年（1799），再修。

咸丰八年（1858），太平军残部至连城，宫殿、廊庑、明伦堂尽毁。九年，知县蒋麟昌倡建。十一年，工将告竣，太平军又至，毁拆过半，去后继修。

同治三年（1864），兵事又起，停工数月。四年，落成，至是始复巨观。

清代的文庙，可谓多灾多难。头一次在清兵入连之际，毁于战火。经过康熙、雍正、乾隆、嘉庆朝130多年的改建拓建，才告完工。可是安定不到60年，太平军一来，就把文庙烧个精光。又经过6年的重建，才告落成。真是不易！

（五）民国

民国时期，文庙为过境兵丁驻扎之所。民国三十一年（1942），为连城县立初中校址。

从连城文庙800多年的毁建历史中，我们可以清楚地看到：乱世毁，治世建。文庙的命运与国家命运紧密相连，也与人民的祸福攸关。什么时候国家太平，文庙就平安无事，连城老百姓生活也安定；什么时候社会动乱，文庙就遭殃，连城老百姓也就吃苦。文庙的历史就像一面镜子，映照着连城800多年的历史波澜。

二

1942—1950年，文庙是连城县立初中所在地。1946—1949年，我在这里读了三年初中，对当时的文庙还有比较清楚的印象，今试记如下。

连城文庙坐落于北大街的儒学前，坐北朝南，面临大街。大门前面是一座高大的石牌坊，牌坊后面是文庙的大门——棂星门。这个大门平时是不开的。进了大门是一个半月形的水池，叫作"泮池"。泮池源于春秋时期鲁国的泮水，是儒家圣地曲阜泮水的象征。古时称学宫为"泮宫"，考中秀才为"入泮"。泮池上有石拱桥，周围有栏杆，池里种着莲花。

走过石拱桥，登上几级石台阶，便是大成门。大成门上有蓝底金字的匾额，大门两边有两面光滑的大石鼓，左右两边各有三间廊屋。当时，左边是县中的图书馆，右边是县中的办公室。

走进大成门，对面便是奉祀孔子的大成殿。大成门与大成殿之间，全校学生早晨都要在这里朗诵《总理遗嘱》，听校长或主任训话。东西庑的廊屋各有两间教室和数间教师宿舍。大成门的门厅则是文娱晚会的现成舞台，演出时，同学们把教室里的长凳搬到大"天井"里一坐，这里便成为一个大剧场。

出大成门往左走，有个边门，出去就是儒学。儒学的大门与文庙大门并排，但比文庙的大门小。走进儒学大门，右边便是明伦堂和魁星楼。明伦堂是儒学的中心，是讲习经典和教育学生明白人伦之道的礼堂。按古学宫布局，它居于学宫的中央，两旁是学生自修用的学斋。儒学里还有藏经阁和教师、学生的宿舍。那时候，这里是县中校舍的一部分，有一座两层的木板楼，共四间教室，还有学生宿舍和食堂，已经看不到老儒学的样子了。

魁星楼在儒学大门的左边。魁星楼是座三层的八角楼，用于祭祀掌管文运的魁星神，祈求地方文运兴旺。它高耸于北大街边的儒学墙内，飞檐斗拱，色彩鲜艳，是城中一大风景。当时它是县中教师办公和住宿的地方。

在文庙的前面，还有个一亩方塘，叫"儒塘"，又称"学前池"，塘里种着许多莲花。

在大成殿的后面，有一个几亩宽的园子，其中一半是县中的操场。学生们每天早晨在操场列队升旗，下午放学前在此集合降旗，平时则在此打篮球、玩单双杠。园子的另一半长着许多大树，是一个天然的园林，清静幽雅。

三

"是谁带来远古的呼唤？是谁留下千年的祈盼？难道说还有无言的歌，

还是那久久不能忘怀的眷恋!"听着李娜的《青藏高原》,我时常想起那些逝去的往事,连城文庙就是我和好多老一辈的连城人"久久不能忘怀的眷恋"。

连城二中老校长李传耀先生,在他的文章里回忆道:"连城文庙,自古以来就是连城县的文化中心,是以办学为宗旨的学校和祭祀孔子的场所。孔庙的中心是大成殿。孔子居殿中,正位南面;次为四圣;又次为东西序十二哲;再次为东西庑历史名人张载、程颐、诸葛亮、范仲淹、文天祥、方孝孺、顾炎武等皆从祀。每年春秋致祭,极为庄严隆重。连城文庙为左学右庙布局。这个布局与福建泉州府文庙、台湾台南文庙相同,为南宋时期的庙学布局形制。"

2007年,我到南京旅游时,见到1951年去参军,复员后在南京文化部门工作的高中同窗罗永涛老先生。他说,连城的文庙占地面积与南京的夫子庙相当,其建筑规格是参照山东曲阜孔庙的样式建的。这样的文庙被拆掉,真是太可惜了!

连城县中的学生、泉州市科协原主任谢金兰女士,在她的专著《乡土》中专门写了一篇题为《记忆中的连城文庙与儒学》的五千多字的长文,详细描述了连城文庙的历史、建筑和被毁的过程,并亲手绘制了一幅《二十世纪五十年代学宫示意图》。她在文章的末尾深情地写道:"连城文庙与儒学目前是旧貌难复了!但是世间万物都在不断变化,或许有一天会有远见卓识的贤人出面牵头担纲,众乡贤慷慨赞助,让此曾为邑人引以为傲的文化古迹,又重现昔日之辉煌。这或许是梦想,或许美梦会成真,我们期盼着。"

我本人在文庙读了三年书。1946年,初一的教室在大成殿内;1947年,初二的教室在明伦堂的二楼;1949年,初三的教室在右庑。我在大成殿的门厅看过初三的同学演文明戏,在大成殿后的操场上天天参加早上的升旗和下午的降旗仪式,接受许多恩师的教诲,为后来考上大学打下基础。1950年12月,我参加连城县土改文工队,在这里参加培训和排练《血泪仇》。

1952年后,我外出读书和工作28年,1980年回到家乡时,发现当年的文庙已经变成县商业局的宿舍。感叹之余,我写了一篇《回忆中的三个连城古建筑》,回忆了已经消失的北门城门窿、彭坊桥和文庙,收入2011年罗土卿先生主编的《连城客家古建筑文化》一书中，寄托了自己对文庙的怀念。

2022年6月，我看到连城县四角井儒学文化研究中心的《重建连城文庙文昌阁捐资倡议书》，看到了连城文庙重现连城城关的希望，故重思往事，写下此文，以表达一个耄耋老人对家乡的眷恋之情！

（编者注：文庙现已在四角井历史文化街区建成。）

沈童李，谢罗黄

◎ 罗　滔

连城县城内最早的居民是谁？县志里没有记载，但民间流传着两句顺口溜："余钱孟董，宋赖江桑。"说这是连城城关最早的八姓。据连城县客家学研究会的《连城县客家姓氏源流初探》，孟氏于唐末迁来；余、钱、董、宋、江五姓于宋代迁来；赖、桑两姓于明初迁来。他们是连城初期的居民，最初的住地大都选择在东门和南门一带，所以南门头八百多年来一直是连城城关最热闹的地方。

如果说知道"余钱孟董，宋赖江桑"的人不是太多，那"沈童李，谢罗黄"是连城城关的六大姓，可以说是家喻户晓。六大姓何时迁来城关？也看《连城县客家姓氏源流初探》便知：

沈氏：祖籍吴兴。始祖沈冰洁公，宋末官居侍郎，辞官后隐居清流大丰山。其长子永钦，任襄阳县尹，后定居连城城关。

童氏：先祖原居河南开封，因金兵犯境南迁至浙江绍兴嵊县，后迁汀州府青岩里。开基祖十三郎公，于南宋开禧元年（1205）迁来连城城关北门。

李氏：祖籍陇西。先祖于唐末迁居到江西洪都府，后迁宁化石壁。南宋末年，始祖十七郎公从石壁迁来连城城关。

谢氏：祖籍河南陈留。先祖于唐末入闽，居建宁县。南宋绍兴二十三年（1153），谢佐（七郎）从建宁县迁来连城城关。隆兴元年（1163），谢十一郎从宁化石壁迁来连城城关。

罗氏：祖籍豫章。始祖均二公于唐末从江右（江西）迁来连城莒溪梨树下（今莒溪厦庄）。元至正六年（1346），均二第十五代孙俊卿迁到城关北门。

黄氏：祖籍江夏。开基祖安远公于南宋末年从长汀宣和迁入连城城关上街黄屋。

从上述资料可知，这六大姓有五姓是在南宋迁来，有一姓是在元末迁来，跟"余钱孟董，宋赖江桑"八姓都是连城城关初期的居民。

这六大姓是经过地方人士评选，由官方认定的。六大姓在连城影响深远，他们商议、处理全县的重大事件，为县里的修桥、筑路、办学等公益建设筹款，调解民间纠纷，做出了重大的贡献。

为何称"王城"

◎ 江初祥

南宋时期,王城是连城原河源里朋口的一个小山村,离朋口不过五六里。此地三面环山,一面临水,临水处,一弯平畴。低丘之下,住着几十户人家,方圆不过数里。如此蕞尔之地,何以称作"王城"?

乾隆版《连城县志·山川志》中有一段记载:"王城,河源里,文天祥扶帝昺起义,驻此,故名。"原来这小小山村的命名还与南宋的末代皇帝赵昺有关。

时间追溯到南宋景炎元年,即1276年,这一年三月,南宋京都临安已为元军攻陷,宋恭帝被俘,被送往元大都。此后,文天祥、张世杰、陆秀夫等组织南宋军民继续抗元。

1276年五月,陈宜中、张世杰在福州拥立益王赵昰为帝,是为南宋端宗皇帝,改元景炎,册封杨淑妃为皇太妃,进封广王赵昺为卫王,升福州为福安府。封陈宜中为左丞相兼枢密使,都督诸路军马,张世杰为枢密副使。不久,文天祥也到了福安,拜为右丞相兼枢密使,但其意见多与陈宜中不合,而国事又取决于陈,因此,文天祥固辞不拜,仅以枢密使同都督行事。

1276年七月,文天祥开府南剑州,赵昺即在文天祥军中,时年六岁。十月,文天祥率部进入汀州,他一心想经略江西,派遣部将赵时赏攻打宁都,吴浚攻打雩都,但都失败了。元军很快占据了江西,越过梅岭,向粤北进军。闽西北面临元朝大兵压境,形势极为严峻。汀州地处军事前线,为安全计,文天祥扶赵昺来到朋口的一个小村落。只见此地群山环抱,主峰高耸入云,连接主峰的山梁,由高而低,蜿蜒而下,而村落即在此山梁之下,又有一水环抱,左龙右虎,地气氤氲,有王者之气。于是,文天祥便在此借用一民居,建立行宫,把赵昺安置在这里,因此称此地为王城(此时赵昺为卫王,两年后才立为帝）。借用作行宫的民居，坐北朝南，青砖黛瓦，两进厅，两横屋，门前一方雨坪，屋后种植桃李。文天祥命心腹将领项一斋率一队人马为王宫护卫。项一斋原为浙江嘉兴知县，追随文天祥抗元，文天祥封他为将领，让他带兵。文天祥还以赵昰的名义，在河源里招募士兵。不久后，赵昰便奉诏回福安。

姑田地名的来历

◎ 江初祥

姑田在连城县东部，地处玳瑁山之北端，是连城经济发达之区，素有"金姑田"之称。姑田宣纸闻名遐迩，远销中外。姑田又是崇尚文明之区，传统文化底蕴深厚，诗词、楹联、书法创作活跃。元宵游大龙，其大龙以长与大，被誉为"天下第一龙"，2012年成功地获得"吉尼斯世界纪录"，总长791.5米。姑田现为镇的建制，全镇面积近320平方公里，2万多人。姑田的地名，历史悠久，已历千年，它的来历有个美丽的故事。

北宋之初，这里有个小小的山村，叫董扶洋，住着十几户姓董的人家。董扶洋土肥水丰，大家过着男耕女织的日子。有个人因在同辈兄弟中排行第七，称董七郎，表字常，家有良田十几亩，靠着勤俭，家境还算殷实。他娶了位贤惠的妻子邓氏，生了一男一女。男孩出生那年，因父母的年纪相加为四十八，就称为董四八郎，表字成；女孩名为珍，比董成小四岁。

董珍从小聪明伶俐，心灵手巧。父亲教她念《女儿箴》，她很快能背下来；母亲教她纺织和针线，她也很快学会。人又长得俊，父母亲都很喜爱她。董珍十五岁那年，更出落得楚楚动人，标致极了，上门提亲的接踵而至，父母择优而选，把她许配给陈家。

董珍十八岁那年春天，哥哥董成二十二岁，娶了妻，成了家，全家的日子过得和和美美。陈家也准备年底择定吉日迎董珍过门。可不幸的是，这一年秋天，父亲董常染病身亡，董珍母女伤心极了，哭得死去活来。父亲的去世改变了董珍的命运，出嫁的事也因此拖延。更为不幸的是，第二年母亲又因悲伤过度而中风，半身不遂，瘫痪在床。全家生活的重担就压在哥哥一人身上，嫂子已怀身孕，照顾母亲的责任全靠董珍承担。一日三餐，董珍一汤匙一汤匙喂母亲吃饭，每天背着母亲到屋外去晒晒太阳，吐吐气。晚上与母亲同住一室，每晚都要起来两三次，背着母亲上厕所。第二年，嫂子生了个胖小子，家务事全靠董珍一人料理，煮饭、喂猪、洗衣、种菜，忙里忙外，农忙时还得帮哥哥干农活。一年又一年过去，红润的脸色已经从董珍的脸上褪去了。董珍二十三岁那年，侄儿已会开口喊她姑姑了，母亲实在不忍心再连累女儿，耽误女儿的婚事，含着眼泪劝女儿出嫁。陈家也来催过好几次，哥哥嫂子、左邻右舍、叔伯兄弟都来劝她，对她说："家里的困难，大家都会帮助解决，你就放心到陈家去吧！"可是，说什么董珍都不肯离开母亲，她说："我宁肯一辈子不嫁，也要侍候好母亲。"又一年过去了，母亲自觉得不行了，有一天，她把董成叫到跟前，断断续续地说："眼看我就要找你父亲去了，我死之后，你一定要把妹妹嫁过去。如今家境已不如从前，不能为你妹妹置办像样的嫁妆，就把那丘最大最好的田当作嫁妆吧。"董成噙着眼泪答应了。

这一年的冬天，母亲便去世了。董珍伤心极了，哭得像个泪人似的。又过了一年，董成依照母亲的嘱咐，立下了字据，把那丘最大最好的农田当作嫁妆，永远归属妹妹所有。另外，还置办了其他嫁妆，这一年冬天，董珍二十五岁，风风光光地嫁到了陈家。

董珍嫁到陈家后，夫妻恩爱，孝敬长辈，友爱弟兄，为陈家生了三男两女，活到七十六岁。那丘田仍然由董家雇人耕作，租谷交给陈家。董家人和周围村子的人都把那丘田称为"姑田"。这件事成为美谈，代代流传，姑田指称的范围也不断扩大，以至于把这一带都称作"姑田"。官方记载为"姑田里"。

1998年，姑田镇编镇志，也在序言中记下这一传说。

另有一说云：姑田原为长汀县古田乡旧址，南宋绍兴三年（1133）从长汀县析出，置连城县。古田以谐音改为姑田。

童子巷和砻糠头的来历

◎ 刘德谁

根据连城一中语文教师吴大昌和退休干部吴大源的回忆，连城城区童子巷和砻糠头两地名的来历是很有意思的。

一、童子巷是通资巷

童子巷在哪里呢？是在城区的西南方，即现在的滨江社区，连城县新防疫站和新医院这一带。连西路的末端至今还有"牛圩谢屋"的地名。

童子巷真正的名字叫"通资巷"，即指物流交汇的地方，这里是块平缓的山坡地。

四百年前，城区的范围很小，圩天的物流集散地点都在城外。按区域管辖范围和人口分布情况，连城是管南不管北，长汀是管东不管西，也就是连城管南面乡镇的地域多，长汀管东面的多。因此，童子巷的地点最适宜用来集散物流。东面的永安、姑田、曲溪，南面的上杭、新泉、朋口，西面的宣和、长汀，它们的交汇处就在文亨。文亨、林坊的交汇处就在通资巷。于是，每逢圩天，这个通资巷热闹辉煌，车水马龙，人来人往，一派繁华的景象，紧接着南门头到水南尾，房屋相连，店铺林立……

但到了1938年，宁化到文亨的公路开通，城区就出现了一条最长的马路，叫连宁路。由于交通的便利，物流的地点就向东门方向转移了。

那时物流集散的地方都没有商店，如朋口的圩上坝、宣和的科里、莒溪的桥头坎等，不是在山坡上，就是在河坝边。圩场没有了，通资巷的山坡就长了草，正好成为儿童放牛玩耍的好地方，以后慢慢地被一个好听的名字"童子巷"代替了。

二、砻糠头没有砻糠

在城区的东南方,从洪山到董屋山之间有一个地名叫砻糠头,现在叫龙康社区。

按字面解释,"砻糠"是将谷子加工成大米时,外面脱下的壳。那么,经常堆放谷壳的地方才称得上是砻糠头。可当时这里并没有碾米厂。

那这个砻糠头又是怎么来的呢?在人们百思不得其解的时候,后人在此山背后发现了秘密。原来在这山背有几座坟墓,长满杂草,没有人来扫墓,好奇的人拨开杂草看到墓碑,结果发现墓主姓龑。村民不认识这个字,就把它分开来念成"龙""共"。"龙共"与"砻糠"读音基本相同,最后就把它念成现在的"砻糠头"了。

屯兵古镇席湖营

◎ 吴 鸣

席湖营，位于中央苏区闽西连城县文亨东南片区，是连城革命基点村湖峰、蒋坊、田头、鲤江、南阳等行政村的总称，古往今来，具有重要的战略地位，属连城腹心的腹心。距永武高速互通口、冠豸山机场6公里，世界地质公园、国家AAAA级风景名胜区冠豸山8公里，冠豸山站10公里，区位优势明显。

如今，它集中国传统文化、红色文化、客家民俗风情、生态旅游和美丽乡村于一体，是客家文化的一个缩影，更是史上的屯兵古镇。

古代席湖营"一溪古渡，两岸席草，三屯兵营，四条古街，五个村落，当六路之冲"，这是对席湖营最精准的描述。纵观历史，席湖营区域先归南团，再独立为席湖团，明代开始与表正里合并，称表席里。民国版《连城县志》中记载："龙冈之东，为席湖隔，又东为泗洲寨，介文川、湖营两大平原间。"康熙版《连城县志》还有嘉靖丙辰年（1556）的记载："白岭隘席湖营南洋之南，北至县治三十里，人烟辏集，乡民素强。隘之外，西南一路通新泉隘，东南一路通朗村隘，东路通横山、廖天山、秋家岚三隘，北通乌石等隘。为腹心之地，当六路之冲，隘场平旷。以之盘诘，则地在腹心，不须重复盘扰。以之守把，则此为诸隘内援。设有一隘被贼，隘报飞至则堵口设伏，贼自寒心。今改隘为寨，如小教场之制，常令本乡团练之兵屯镇于此。"

席湖营始建于唐代，比现在的连城县建制还早，即未建连城县已有席湖营。《汀州府志》《吴氏族谱》记载，当地曾有文、武举人、进士荣登知府、知州、都司、总兵、翰林院修编、南宋左丞相等职。古时席湖营，一条卵石路，千年兵马营，蕴含着丰富的兵营文化、码头文化、客家文化和宗教文化。席湖营的兵坪、跑马山、唐（团）兵寨、旗山寨、东坑寨、田螺寨，无不体现出古朴粗犷的唐代兵营遗风。在田头古村，仍保存了较为完整的古建筑群，有古风犹存的街坊商铺，有正气凛然的抗战遗址，有历史传承的民俗风情。

进入席湖营，仿佛走进了世外桃源，其四面环山，流水潺潺，丹霞美景独具特色，豁然开朗的盆地，土地平旷，屋舍俨然，良田美池，阡陌交通。其独特的丹霞地貌和自然环境，形成了天然的古渡口，这一渡口也是连城域内重要的水陆码头。明清时期，水运发达，席湖营码头成为汀江支流上游农副产品和商品的集散地，团、里内外一些大商贩在席湖营建造防寇土楼、仓储库、商铺、客栈、货物收购分店。码头以木材、瓷器、草席、桐油、书籍、宣纸、烟丝、红衣花生等货物为输出，以海鲜、食盐、洋油、洋火、洋钉、布匹等货物为输入。码头及相关场所从早到晚商贾云集，繁华热闹，过往商人川流不息。"白日里千人拱手，入夜后一溪明灯"，笼灯、轿灯、油灯、松明灯，灯光熠熠的码头夜景令人赞叹不已。这种繁荣景象，至今还深深地印刻在席湖营人的脑海中。

瓷器业是席湖营的主要产业。随着工艺进步，瓷器品种增多，席湖营的名气也逐渐扩大（相传，此地瓷窑曾神奇地产过"琉璃床"献给皇上），至今在大石岩水库湖水浅露的东北侧山体，还残留了许多瓷窑遗址。

席湖营方圆百里，青山叠叠，古树摇摇，溪流弯弯，官道悠悠。湖峰老街的小桥流水、青砖碧瓦、亭台楼阁、轩榭廊舫让人流连。万缘桥、感恩堂、天后宫、文庙、念五郎祠彰显宏伟古建与清韵。千年闽王庙是连城最早纪念开闽第一人王审知的祭拜活动场所，如今的河源十三坊祭拜玲珑公王活动就是发源于此。

说不完的席湖史、道不尽的屯兵营，当您站在雄伟壮观的习善堂钟楼，往南看，映入眼帘的是望湖亭边高耸秀丽的文昌塔。云破月来，波光粼粼的石峡湖面，随风摇曳着文昌塔的倒影，如同舞动的精灵，让人陶醉。向北望，十里平湖如广席，万家灯火生炊烟，这或许就是千年古镇的魅力。

太平军激战伯公岭

◎ 张惠华

闽西重镇新泉旧称汤背寨，因三面临水、城墙绕寨、隘深山峻而历系兵家重地。今翻阅新编《张氏族谱》得知新泉张氏于十七世至十八世间多人皆无因而消亡，而查其所处年代正为咸丰、同治间，这与当时太平军（当地人称"长毛"）两万余人几次进犯新泉不无关系。看了这些史料，再背临翠屏山下，耳听喧哗的河水，浮现眼前的也许是古城墙、涌金门、族旗、刀枪等混杂在一起的厮杀场景……

同治三年（1864）九月，太平军将领康王汪海洋率兵越过汀江，攻占上杭县南阳，闽浙总督左宗棠调刘典率部经宁化下连城，并命王德榜由瑞金进连城。刘典的部队到连城后，闻漳平清军守将赖长熊、应烈与太平军激战，惧怕汪海洋的太平军前往漳平增援，便立即驱兵驻守南阳通往新泉的孔道马洋洞。太平军用迂回包抄的战术，袭击刘典部队，迫使刘军撤回连城城关。

同治四年（1865）正月十一日，清军刘典、王德榜部再次进驻连城杨家坊和新泉，刘、王分兵出击，与太平军于姑田、下车、南岭一带交火。

正月二十七日，驻南阳太平军汪海洋部发现内部有人与王德榜约为内应，便将计就计，杀了内应，约王德榜前来招降，同时令太平军携粮在伯公岭埋伏。伯公岭即下车与马洋洞交界的伯公凹，山势高峻险要。王德榜不知是计，即驱兵五营前往南阳受降。清将守备王福泰认为情况不明，主帅不宜深入重地，愿替王德榜先行试探，王德榜便退回新泉。当王福泰率部至伯公岭时，前驱两百余人落入伏击圈内，全部被歼，王福泰被击毙。清军后队闻变后撤回新泉。汪海洋亲率麾下精锐二万黄、白号衣者乘势进攻新泉，双方在新泉城内激战，王德榜亲临城上督战。眼看清军不支，刘典军忽从新泉杨家坊出援，切断太平军后路。太平军腹背受敌，被迫退至西岸，过河时，淹死多人，尸首漂浮，血染成河，所部精锐丧失几半。康王汪海洋大败，凫水走西岸，王德榜追至下车，康王下马恸哭，几为清人所得，部将拥之越山遁免。太平军引军撤离新泉，南走上杭、永定，就此离开了连城大地。

敬祖敬业　　宜国宜家

林炳星大刀留故乡

◎ 林家新

林炳星，号玉峰，祖籍连城璧洲村，清康熙六十年（1721）生于海阳县城（今广东潮州市区）。乾隆三年（1738）武举人；七年二甲武进士，授御前三等侍卫留在京城；十三年出为宁福营（今浙江海宁）都司；十九年三月升江西广昌营游击，翌年修游击署戟门及门外官厅；二十四年任湖北荆州城守营参将；三十年四月调任湖广总督部院标中营中军副将；三十四年、三十八年七月、四十四年十月历补衡州（今属湖南）、施南（今湖北恩施）、江南安庆（今属安徽）协副将，两江总督督标中军副将加一级，官至宜昌（今属湖北）镇总兵。

他为官以国事为重，政绩较好，是独当一面的将领。备受苏昌、富明安、富勒浑等数任湖广总督的器重，因而得以于乾隆二十六年（1761）十月、三十七年五月、四十四年十月三度面见乾隆皇帝，可见其才干。有两位诰封夫人、四位敕封安人。

乾隆四十六年（1781），林炳星已到花甲之年。为圆梦回故乡，他偕夫人、儿子、卫士一行十余人高高兴兴回到璧洲。当林炳星一行走到村尾时，林家四房的乡绅已在天后宫大坪等候接待，顿时鞭炮声、锣鼓声、人声鼎沸，欢迎从广东潮州回来的英豪乡贤。

在乡绅的引领下，林炳星先到林氏宗祠歇息。寒暄片刻，林炳星率家人上香敬祖，三叩九拜。当看到宗祠正厅前面挂着"侍卫府"横匾和上面一块"诰封"的直匾时，他心潮澎湃，这两块匾实质上就是对林炳星本人的褒奖赞赏。他当即双手抱拳作揖，面对父老乡亲说："在下炳星献丑了！"说完，手持大刀表演了一番，只见他持着那把重量级的大刀挥来挥去，左砍右劈，向前退后，稳步自如。在场围观的乡亲们，个个看得眼花缭乱，人人拍手叫好。林炳星在一片喝彩声中结束了表演，又向全体乡亲说道："这把大刀跟随我南征北战多年，今天就把它留在故乡，放在宗祠里。"

从此，这把大刀一直放在大宗祠上厅左侧，可惜在1958年"大炼钢铁"时被送上土高炉熔化了，后人深感遗憾。此大刀连柄都是铁的，有两米左右长，重达120斤。村中只有林炳星、林伦元（武秀才）俩人才能舞动。

林炳星还是一位多才多艺的儒将，乾隆四十八年（1783）十月曾为潮州开元寺观音阁书"屡沐杨枝"门匾。杨枝即杨枝水，佛教喻称能使万物复苏的甘露。传说中的观世音菩萨法身多为一手扶净瓶，一手持杨柳枝，常以杨柳枝蘸洒甘露，普度众生。原匾后被毁，1981年重修观音阁时由书法家黄子厚重书。

林坊"行祠公王庙"和"祭樟"的由来

◎ 林金才

过去林坊林氏中堂神位"天地国亲师位"右边写"行祠公王",左边写"天上圣母"。那么,行祠公王到底是何方神圣?相传林氏先祖比干遇害后,灵魂直上九霄,玉帝嘉其忠义封为国神,随侍左右。宋末战乱,国神比干见裔孙流离失所,特遣身边"神行祠"行祠公王下凡,护佑林氏子孙平安。由此,行祠公王成为林氏子孙代代敬奉的神圣。

元至元元年(1264),六十郎公偕家仆林樟伯避乱来到林坊,定居于鸡麻垄(又名屋塘背),即今樟山脚下,把一同挑来的行祠公王神主牌安在樟山上,并建一小庙安放。

樟伯为人厚道,乐善好施,竭力耕作,为建设家园、开创林氏家业立下汗马功劳,六十郎也不把他当仆人看待,热心为其择偶,但樟伯拒之,终身不娶,侍奉主人。相传有一天,樟伯正在插秧,一时风云突变,倾盆大雨降下,河水猛涨,樟伯为救一落水女孩,奋不顾身,不幸被急流冲走,溺水身亡。不久天空一片红光,似金龙腾起,仿佛看到樟伯骑着金龙直上云霄。族人为了纪念这位为开发林坊奉献一生的大功臣,把鸡麻垄南面这座小山命名为"樟山",让樟伯年年月月陪伴在行祠公王身边,俯览整个林坊四门,护佑四门裔孙的福祉安宁。

为了纪念行祠公王和樟伯,四门裔孙确定每年春季插秧后遴选一个吉日举行祭祀活动,由此形成"祭樟"的民间庆典。祭樟之日,锣鼓喧天,家家户户带果茶、香烛、荤素前往樟山,到"行祠公王庙"前供奉祭拜,祈求一年风调雨顺,粮食丰收。由于樟伯嗜吃猪肉,祭樟当日,屠夫把猪抬到庙前放血供奉，人们抢购此猪肉以求吉利。

每年正月十六日，林坊游大龙都要游到樟山上，盘绕樟山三圈，并叩拜行祠公王以示缅怀。谨以此诗为颂："九牧传家发九枝，霞光映染神行祠。千里跋涉寻宝地，百转封王享祭祀。小鸡繁衍福地处，天垂瑞象发祥基。流芳传世万人颂，龙绕樟山叩拜时。"

清正廉明的张焯奎

◎ 林家新

据县志载,张焯奎,生卒年不详,广西太平府优廪生,为同治十二年(1873)癸酉科举人。光绪六年(1880),考中庚辰科二甲进士,签分兵部车驾司兼职方司行走。光绪三十一年(1905),任福建连城县知县,宣统元年(1909)因事去职,次年复任。张焯奎61岁任连城知事,前后12年(其间离任2年),清正廉明,史称其"慈易爱民,清正自矢"。

张焯奎为璧洲村办了两件大实事。

一、种树坂的前世今生

记得小时候跟大人去莒溪赶圩,路经现在新建的八角亭处,往左边看有一片青松林,挺拔的松树布下浓密绿荫,在这片田垄中呈现出秀丽的田园风光,人称"种树坂"。

相传一百多年前,这里原是一块农田,当时璧洲林姓人多生活贫苦,这块土地就卖给一个在城里做生意的罗姓财主,后又出租给本村佃户耕作,每年秋收季节都按时缴租。年复一年,这个财主年纪大了行动不便,很少来地里视察,只要田租到了就行。此时,村中各姓各房头士绅认为璧洲村四面环山,青山绿水,唯有东北的艮方是个凹缺(即凹头岩),从这边吹来的北风太大了,不利于居住在溪边的人们生活。于是,他们共议后决定在租种的那块地上种上松树,以此挡住凛风。

若干年后,种下的松树已高大挺拔,绿树成荫了。财主知道这事后,便告状到县衙,和璧洲人打起了官司。双方你来我往,都耗费了无数精力、财力。当时张焯奎知县为公平公正办案,便到实地察看,一看果真是一片根深叶茂的松树林,便问在场的人是怎么回事。正在双方争执时,其中一位他姓村民站出来说："我可以做证，地是林家的，哪怕刀架在脖子上我还是这样说的！"县官弄清前因后果，也考虑到留下松树林对当地有好处，最终判定这是林家的地。

时过境迁，到20世纪70年代平整土地时，这里的树被连根挖掉，重新开垦成农田种植水稻。现在，再也看不到那片松树林了，但种树坂的故事一直流传在民间。

二、码头风波

有八百多年历史的璧洲村以前主要靠将所造的纸送往广东潮汕一带贸易，换盐、洋油回来生活。当时物流走的是水路，璧洲人在永兴庙溪边建了"璧溪码头"，对面山冈上建有几座仓库。永兴庙两边是全村各姓各房建的店铺，曾经在此开过一两个月的圩场。璧洲的纸业生意做得不错，也有村民建房的第一桶金就是下广东挣来的。一些莒溪人见此眼红，便想把码头建到莒溪水尾。这对璧洲人来说极其不利，为此两村经常发生争执，争来吵去没结果。因为莒溪建码头必须把永兴庙上方的新陂拦河坝拆掉疏通才能通货船，而新陂坝的水是用水车抽上来灌溉大埔上百亩农田的，因此璧洲人无论如何都不同意。最后，双方把当时的知县张焯奎请到现场处理此事。知县了解完回到县衙，召集有关人员对莒溪建码头一事进行分析，认为水是农业的命脉，不能拆除新陂坝，由此平息了一场争斗风波。

为纪念张焯奎，璧洲人特在永镇庙为他立了一块牌位，按时上香祭拜。1930年下暴雨发洪水，永镇庙被冲倒塌，其神主牌位随水漂下，一名吴姓村民见状奋力拾起，后请入永兴庙。从此，永兴庙有了张焯奎的神位，与珨瑚公王同享感恩祭拜之礼。

端午，丞相埋"窖"连城

◎ 巫庆明

　　文天祥，江西吉安人，南宋末年政治家、文学家。二十一岁中进士第一，成为状元。为人正直，言斥宦官，讥讽权相，数度沉浮。元军南下攻宋，他散尽家财，招募士卒勤王，与元军进行殊死拼搏，历尽艰辛。后升任右丞相兼枢密使，辅佐朝政，为南宋王朝鞠躬尽瘁，日月可鉴。

　　南宋景炎二年（1277），文天祥率部再攻江西，终因势孤力单，与元军周旋于汀州、漳州一带，最后退守广东。据说那天正好端午，文天祥从长汀到连城，途经洋贝的烂寨自然村。此寨原名芙蓉寨，周围是田地，中间凸起，貌似航行中的小舟，寨正对面有山似馒头。文天祥和心腹们认为此地特征明显，便把一千多斤的铜钱（本地人称"窖"）埋到两三个穴（窝），画好地图，标明地点，以便日后回来再取。

　　离开洋贝，沿着河源溪来到朋口。是夜，他们住在朋口的一个山坡上。外面的田鸡（虎纹蛙）呱呱叫个不停，此起彼伏，吵得大家难以入睡。只见丞相拿出朱笔，对着田鸡头上一点，说："田将军，待我收复河山，定当给予奖赏，现在切勿再叫。"说也奇怪，山坑里顿时悄然无声。从此，这个坑里田鸡的头上全有红点，且不叫，恐怕是等丞相发令后才敢出声吧？

　　次日，文天祥他们便离开了，不久来到广东，继续进行抗元斗争。祥兴元年（1278），文天祥在五坡岭不幸被俘，押至大都，饱受威逼利诱，誓死不从，被囚三年后，从容就义。

　　文丞相遇难后，埋下的铜钱沉睡几百年，无人知晓。后经雨水冲刷，泥层逐步变薄。20世纪60年代末，邻村村民在山边种木薯，曾挖到一些铜钱，但没引起重视。90年代初，本村一个村民和女儿前去那挖穴种柑橘，挖着挖着，发现一串串长满铜青的铜钱。父女俩以为是祭祀时用的，傍晚用畚箕装了一点回来。途中歇息时,被一小孩发现。小孩便告诉其父亲,父亲连夜去挖,挑回一担南宋的各种"元宝""通宝"。此事速传全村。

于是,本村人抬上锄头,外地人带上仪器,把整座山翻了两遍。那几天,山上路上,人流汇集,赴圩赶集似的,卖水、卖点心的担子也上来了。后来,政府文物部门出面制止,收回一部分铜钱。遗憾的是还有许多流落民间。

驻足山上,想起文天祥。此处青山无缘掩埋英雄忠骨,但那年端午,丞相却在这里埋下了"窖"。如今,"窖"虽被挖走无存,但挖不走的是文丞相的英灵,它将永远留在人间,留在人民心中……

培田两座石牌坊的来历

◎ 吴有春

培田古村落，南部水口有恩荣石牌坊，是为彰显武进士吴拔桢侍卫功名而立；东北部通连城官道出口，有圣旨石牌坊，是为表彰吴昌同乐善好施功德而立。两牌坊一南一北，一功名一功德，相得益彰，充分展示古村落的历史文化。以下试述两文物的由来。

一

吴拔桢（1857—1927），又名楷，字干卿，号梅川。应戊子（1888）乡试，取中第六名武举人，次年考选为兵部差官。壬辰（1892）会试取中第三十三名进士，殿试钦点三甲第八名蓝翎侍卫、内廷行走。

1894年7月甲午战争爆发，清政府战败。次年4月，签订了丧权辱国的《马关条约》，割让台湾及澎湖列岛给日本，赔款2亿两白银。此事激起乙未（1895）科在北京会试的各省举人的愤慨，康有为撰写了《上今上皇帝书》，有1200多人联合署名，上千举人和数千群众聚集于北京都察院门前递送奏章，史称"公车上书"。当朝63名福建籍官员、88名举人也呈文上奏，吴拔桢作为侍卫也名列其中。这是一次救亡图存的爱国行动，促使光绪帝于1898年进行"戊戌变法"。

光绪帝变法失败后，受到慈禧太后软禁。吴拔桢侍卫职责成空，被调往山东青州营为守备，壬寅（1902）三月委任为护理青州参将篆务，十二月调署登州右营守备，有"气度雍容，膂力方刚""年壮力强，克胜其任"之赞。乙巳（1905），因母逝，回乡丁艰守孝。此后清廷腐败气绝，辛亥革命前奏已响,他便未回山东复职,1927年终老家乡。

如今,其遗迹文物有祖居务本堂内的练武石与"进士"金字匾;有宗祠世德堂门前一对双斗龙纹的石雕旌表旗杆(表彰其父),以及外门庐石刻"都阃府"门额与门联"秉义飞声闽峤,教忠翼卫神京"。而恩荣石牌坊最为显著,相传建于1894年左右,是由汀州府出资为辖区内名人而建的。此牌坊附近有文昌阁和松树冈,属于培田的八景。有七律诗赞曰:

杰阁吟风
增生吴爱仁

一望云霄势欲冲,巍巍高阁扦空中。
披襟快我开怀抱,琢句惊人夺化工。
檐标抑扬鸣铁马,天边往复送霜鸿。
凭栏益壮凌云志,直拟扶摇万里风。

松冈琴韵
邑庠吴在中

山麓回旋一卷阿,绕林松植果猗那。
丸丸挺出凌云干,郁郁高横耐岁柯。
千古虞音迎月奏,九霄桐韵带风和。
幽人尚念其中趣,流水高山入耳多。

二

吴昌同(1797—1873),字化行,号一亭。族谱记载,公克勤克俭,垂创大有,无私无徇,理众财务,清楚丰滋,人日颁胙(即正月初七日祭祀曾祖时,分猪肉给裔众),尤颂公功。咸丰戊午(1858)始,管理长邑公局(长

故事篇

汀县民间助学团体）三年，矢慎矢公，资助多士得以培养高升。同治甲子（1864），调署汀漳龙道，助军粮百石，蒙奖"急公好义"匾。管理南山书院，聘名师曾瑞春等教学，人才辈出。

长子达均授命布政司理问衔加二级时，封为奉直大夫，赠诰命辞："积善于身，祥开厥后。教子著义方之训，传家裕堂构之遗。"

次子永年于咸丰辛酉（1861）募勇助剿"长毛"，蒙左宗棠保举选用江西临川温家圳巡检及鄱阳石门巡检时，赈湖北饥荒，获赠五品头衔。

三子瀚兴中武举后，录用兵部差官加三级时，获赠昭武都尉，赐以诰命辞："义方启后，縠似光前。积善在躬，树良型于弓冶；克家有子，拓令绪于韬钤。"

四子风年于同治九年（1870）取中邑庠，就学福州鳌峰书院（当年福建最高学府），以后继办南山书院，拓建校舍。

由上可见，昌同一门文武双全。

相传，昌同父子农林工商兼营，生意近到汀城，中至潮州，远达湘衡，经营有方，富甲一方。四个儿子遵父遗志，在福州文兴里购买大宅一座，捐为汀州八邑吴氏试馆。依此善举，八邑教谕、训导等文职人员十人联名为昌同申报准建"乐善好施"圣旨石牌坊。其呈稿及批示摘选如下：

> 为乐善不倦，例符奖典，乞恩请旌，以励风化事。……
> 查有已故四品封职吴昌同，居心诚朴，立品端方，族亲共号仁人，乡里交推长者。矜孤恤寡，悯无告之穷民；砌路修桥，任独擎之义举。加以，作人养士，增膏火而助多金；仗义急公，广题捐而输巨款。此其大较，而非小恩。尤难者，悯学士文人之艰，讲敬宗睦族之谊。购试馆于闽峤，万贯囊倾；联宗系于吴山，千间厦建。乡试届三年大比，屋租仍一例均分。杜工部欢寒士颜，尚难如愿；陆放翁志天下富，徒托空言。该善士实惠实心，不骄不吝。罄一家之余积，公尔忘私；萃八邑于同堂，远无殊近。为此，粘呈图志，金叩宪阶，照例请旌，据情上达，体人心之公道，表潜德之幽光，用慰舆情，俾维风化粘仁。
> 上呈

光绪二十四年七月日，具禀呈

建宁训导，吴继明。连城优贡，吴作梅。松溪教谕，吴震涛。连城增生，吴彤绍。宁化廪生，吴存琮。上杭附生，吴步鸿。清流附生，吴步刚。武平监生，吴成美。归化附生，吴振麟。永定廪生，吴鸿波。

长汀县批：洵属仗义疏财，深堪嘉尚。候即据情申详请旌。

汀州府批：洵有长者之风，不愧正人之誉，允宜旌扬，以示劝兴。候即转详请旌。

福建承宣布政使司布政使张看语：查已故四品封职吴昌同，仗义轻财，敦宗睦族，捐资设馆，本支之赴试者，咸乐安居。置业收租，合族之与考者，并蒙分惠。他如输军米，育遗婴，创造桥梁，捐修书院，积谷以备歉岁，施茶以利行人，均属有益于地方，不独见于宗族。所捐较巨，核例既符。洵为里党之善人，宜沐褒扬之盛典，应详请照例旌奖。给予"乐善好施"字样，令其自行建坊，以资激劝。

闽浙总督许奏：查定例，士民人等捐资创设义举，银数至千两以上者，请旨建坊给予"乐善好施"字样，历经遵办在案。查已故四品封职吴昌同，乐善不倦，凡遇地方义举，无不董成其事，如建桥梁、修书院、筹积谷等项，先后所捐银数综计一千余金。所尤难者，独捐闽省试馆，公为合郡宗人旅居，一举已近万金。洵属有裨地方，核与建坊之例相符，仰恳天恩俯准，在原籍由家属自行建坊，给予"乐善好施"字样，以示旌奖。谨附片具陈，伏乞圣鉴。谨奏奉。

朱批：着照所请，礼部知道。钦此。

由上述记载可知，"乐善好施"圣旨石牌坊的申建手续并不简单，申请呈稿上传下达估计需一年。因此，圣旨石牌坊始建于光绪二十五年（1899）。所选地点是古村东北郊去连城官道出口，也是培田八景之一。

苦竹烟霞

邑庠吴在中

北距郊原一里赊,环堤翠竹拂云斜。
萋萋芳草依汀渚,郁郁乔松护梵家。
壶洞清虚明日月,禅关阒寂锁烟霞。
个中景物多闲旷,吟兴诗人未有涯。

古村旅游开发利用后,此处建设成培田新村,圣旨石牌坊恰好成为新村门户,新开旅游行车专线在此起落,附近小溪木桥改建为廊桥,游客络绎不绝。

新村门户

吴有春

新村水口景色鲜,堤坝廊桥锁溪渊。
四岭腾龙扬紫气,三川活水润田园。
乐善牌坊显门户,文明旅客追古风。
专线公交此上落,从容步履各投缘。

其中,四岭指五礤岭、蛇龙岭、长岰岭、斋庵岭,三川指碓坑溪、蛟潭溪、龙潭溪。

最后,值得一提的是,培田两座牌坊,"文革"时因"破四旧"而拆去,用于建村水电站涵道的搭盖,幸好均未打碎,石件完整。之后,由于古村落传统文化受到国家重视,得以保护、开发、利用,因此这两座牌坊才重新挖起复原,成为重要文物。

吴琨轶事

◎ 吴尧生

沿罗胜通往姑田的青石板路三公里处,有一片风光秀丽的开阔地,人称"大平洋"。大平洋有一座木质结构的古亭,古亭骑路而建,单层、方形、翘角、飞檐,远望就像扣在路上的一顶官帽,故名"官亭"。碧绿的青苔,斑驳的亭柱,诠释着这座古亭的悠久历史。当地长者介绍:"此亭是当地村民为了纪念清正廉洁、两袖清风的六品郡判吴琨而建的,始建于明代,后依原样重修,所以至今古风犹存。"亭边矗立着一块两米高的石碑,字迹飘逸的碑文记载着这位令人敬佩的清官的生平轶事。

据《吴山乡百代简史》载,吴琨,字良玉,明成化癸卯(1483)科廷试拔贡,任安州通判。生于1426年,卒于1514年,享年89岁,世居莲东吴山(今连城县曲溪乡罗胜村)。

虽然历经五百多个春秋的雨雪风霜,物换星移,人世沧桑,但是在吴琨的故里——罗胜,至今依然流传着他勤奋好学、孝敬长辈、清正为官的故事。

一、勤奋好学

由于罗胜历代吴氏族人遵守祖制,不遗余力地倡办书院、推行奖学,因此这个当时仅数十灶炊烟的小山村,耕读传家,推崇圣贤,学风日盛,人才辈出,素以"文墨之乡"著称桑梓。吴琨年幼时与其叔父吴猷等人习儒业,五岁入私塾,天资聪颖,勤奋好学,学业日进。及长,吴琨不仅要学习经史子集,刻苦钻研,备考应试,还要躬耕陇亩。后来,其叔父吴猷中了举人,对他影响颇大。他暗下决心:"自己此生一定也要博取功名,为朝廷出力。"有了身边的榜样和长远的目标,他不敢有丝毫懈怠,即使是劳作了一天,累得腰酸背痛,学习一事都是雷打不动,常常是三更灯火五更鸡,弄得妻母很心疼。即便名落孙山，他也不改初心，持之以恒。在交通闭塞的吴山度过了从童年至壮年的大半生，艰辛的劳动使他深切地体会到底层劳动人民的苦楚，增加了他的社会阅历。

二、孝敬长辈

吴琨家在古时的罗胜是个大房族，家中人口多，长辈也多。由于自幼受到良好的家风熏陶，吴琨从小就养成了谦恭礼让、孝敬长辈的好习惯。比如，有好吃好穿的，他总会让着弟弟妹妹；干起农活，他不怕苦不怕累，脏活重活抢着干，生怕父母累着。据传，其母晚年瘫痪数年，他常常端茶递水，同兄、嫂、媳妇一起侍奉老母，且数年如一日，直到老母去世。其孝行感动乡里，一时被传为佳话。

三、清正为官

明成化十九年（1483），58岁的吴琨大器晚成，以学行兼优入选贡院，随授七品京官，分拨南京龙江府任左厢经历，旋升北直隶保定府安州（今河北保定市安新县）通判。据传，吴琨在安州监郡10余年，奸馋杜绝，路不拾遗，夜不闭户，政绩斐然。弘治九年（1496），孝宗皇帝欲起任他为御史，他以年迈为由辞官归里。

吴琨离任之际，安州黎民像失去慈母般痛哭，拼命挽留，迟迟不肯让郡宰的轿子离去。安州退休官员曹均、孟时莘特命画工绘下当时送别的动人情景。安州学正史光昭把吴琨比作汉代李尤、刘宽，对他的高风亮节予以高度评价。史光昭在《赠吴侯荣归图序》中记叙："今吴侯解组而归，郡之老稚闻其去，依依忘失慈母之切不忍舍，扳辕卧辙恳留……盖德者，感民之本也。若侯者，可谓以德感民，而民亦可谓以德报德者也。安知异日太史氏，亦传其事如刘、李者乎……"安州绅要还即景写下许多情真意切的赠别诗文。可惜，这些珍贵的资料今已不存。唯有孟时莘题赠吴琨的一副联因刻于罗胜村水尾祖祠渤海堂而保存下来，联文是："学荐乡科世世芳名不朽，诰颁天阙年年墨迹更新。"

安州百姓见难以挽留吴琨，遂沿途设香案摆酒相送。真的是，去者依依，送者戚戚。吴琨见他们送了一程又一程,仍恋恋不舍,便向众人长揖曰:"诸公盛意,琨将没齿不忘。怎奈在下家住白云洞,乡称载露洲,大弯弯三年,小弯弯三月……关山千重,路途遥远,琨就此拜别,诸公请回罢!"

吴琨官居六品,宦海多年却能保持劳苦大众的操守,一身正气,两袖清风,与那些坐拥高官厚禄,却孜孜名利、酣醉浊流的封建官吏形成了鲜明的对比,其高风亮节实属难能可贵。乡人为了让子子孙孙永远缅怀他的功绩,仿效他的人品和官品,不仅修建官亭,还常常用他的事迹勉励教育后人。

李抓恼一县，一县恼李抓

◎ 罗　滔

"李抓恼一县，一县恼李抓。"（"李抓"不是这个人的正名。"抓"，方言中意为长不大。如一个人过了长身体的年龄，个子还是很小，就叫"抓撒"。因为这人个子小，大家对他又不满意，所以叫他"李抓"。）这是连城家喻户晓的顺口溜。这个顺口溜记载着连城历史上百姓打死县官的政治事件，这件事差点让连城血流成河。

明朝末年，连城来了一个县官，是江西人。有一年，一个江西商人死在城外，他的家属要把遗体抬进城来办丧事，引起全城百姓的反对。根据连城的风俗，遗体是不能往家里抬的。可是这个江西商人的家属自以为财大气粗，硬要把遗体抬进城来，双方便闹到县衙。县官以老乡的感情为重，判定让家属把遗体抬进城来，引得全城的连城人义愤填膺。经过六大姓长者会商，他们决定用石头给县官一个警告。一个姓李的小个子站出来承担了这个任务。当县官的车驾经过大街时，他抓起一个鸡卵石就向县官头上砸去，没想到这石头不偏不斜正砸中县官的太阳穴，当场就把县官砸死了。按王法，打死朝廷命官等于造反，朝廷立即下令血洗连城。消息传来，城中百姓吓得不知如何是好。有的人就责怪那个姓李的小个子，说都是这个"李抓"干的坏事，这就是"一县恼李抓"。而那"李抓"也不服气，说："这不是你们叫我干的吗？现在出了事却把责任全推到我头上，你们也太不是东西了！"这就叫"李抓恼一县"。无论是"李抓恼一县"还是"一县恼李抓"，都无法解决官府要血洗连城的问题。大家经探听得知，来的钦差王崇检是一位仁慈的好官。朝廷派他带领五百兵丁来执行王法，要杀一万五千人才能封刀。当时连城城内人口还不足一万五，就是全部杀光也不够。经六大姓商议，决定去向钦差拦路乞命。当官兵快进入县境时，大家抬着猪牛，挑着鸡鱼鸭肉和糯米老酒去犒劳官兵，并派代表向王崇检禀告实情，请他宽大处理。王崇检点头答应，并共商处理办法。

过了两天，王崇检带了五百兵丁来到连城，驻扎在东门城外，并宣布："今晚城外歇息，明早进城血洗，杀人万五！"地方人士又一次送去好酒好肉犒劳。

听到官兵将来，胆小的人早已逃到乡下，只有少数胆大的还留在城里。当晚，四大城门关闭，有人在城里高声喊叫："东门不开，西门毕拆。"（"毕拆"，方言中意为"开缝"）城里的人听了，便连夜从西门出逃。到第二天早晨，连城几乎已是一座空城。随着三声炮响，王崇检骑上高头大马，带领五百兵丁从东门进了城，只见路上跪着一人。他厉声喝道："何人挡道！"那人回答说："小人万五。"王崇检下令："将他拿下，立即斩首！"左右侍从手起刀落，砍下万五头颅。王崇检举起军刀，大声宣布："已杀万五，封刀回朝！"随即带领兵丁出城而去。一场血洗连城、杀人万五的劫难就这样过去了。

王崇检回朝交差后，有人对此提出疑问，但当时的明朝已是风雨飘摇，无暇顾及此事。不久王崇检也辞官回乡，颐养天年。至于那位自称"万五"的人，其真名也不是"万五"，只是为了拯救连城人民而临时改的称谓而已。

故事篇

清代名臣杨簧轶事

◎ 杨天佑

杨簧,原名杨笙,字履春,号竹圃,生于清乾隆四十一年(1776),是芷溪杨氏九二郎世系开基祖仕荣公第十二代孙。杨簧慧而好学,博学多能,著有《竹圃诗文集》。

民国版《连城县志》卷二一《列传》载:"杨簧,号竹圃。嘉庆辛酉府学拔贡。朝考以七品京官用,选刑部山东司。丁卯科顺天乡试中式,庚辰科会试进士,签分刑部浙江司主事,升授陕西司郎中,军机处行走,京察一等,记名以府道用。道光乙酉,钦命陕西延榆绥兵备道。历任江苏苏松常镇太分巡督粮道。庚寅,升湖南按察使司。癸巳,升江南布政使司,赏戴花翎。甲午,调署江苏巡抚。丙申,护理两江总督。历官勤慎,所在有声。"

关于杨簧的故事,在芷溪流传较多,这里录两则与大家共享。

一、少年求学,日食两餐

据《汀州府志》,杨簧于乾隆六十年(1795)蒙学院赵科入府庠第三名。嘉庆六年(1801)蒙学院钱科考取一等一名补廪,拔取贡元。嘉庆七年(1802),参加京城朝考获第一。

少年杨簧于本族种石山房(清初芷溪四大书院之一)学习四书五经。种石山房位于芷溪的茶山口,距离杨簧老屋不到三百米远。到种石山房读书的,大多数是本族的子弟,家校之间的距离都不远,学生都是吃住在家里的。相传杨簧读书时,家境贫困,每天只有早晚两餐吃些粗茶淡饭,中午则在他家左侧田垄间的一口八卦井中喝几口井水充饥,然后回家休息一下,又返回种石山房埋头读书写字,而此时先生邱振芳往往还未吃完午饭。先生初时未注意到,见他早来,就多布置些功课让他完成。时间久后,先生感觉有些蹊跷,于是悄悄尾随杨簧，察其就里，终于了解实情，后来先生就让杨簧每天到自己家吃午饭。杨簧深感师恩厚重，于是更加勤奋学习，日益精进。

二、清正廉洁，婉拒豪宅

与杨簧同时代的芷溪杨姓仕荣公第十二代裔杨荣岩，十三代裔杨峻亭、杨西林兄弟，为芷溪的"两代三百万"，可谓一方富豪，声名远扬。只是他们的近亲之中没有大官，心里老是觉得"有富无贵"，不够完美，于是就想与官居高位的杨簧搭关系。

杨簧与杨荣岩同为源自乐江的杨姓后裔，他们辈分相同，但已于七世祖时开股。百万公父子为了与杨簧搭关系，就请专人设计，建了一座规模宏大、美轮美奂的豪宅，要送给杨簧。杨簧当时在江苏巡抚任上，百万公就请画师将豪宅的样子画好，派专人将图纸送往苏州杨簧官邸，请杨簧过目。杨簧收到图纸，安定好来人后，心知这豪宅是万万收不得的，否则必定有辱杨氏历代"清白家风"的美誉。于是，他故意皱皱眉头，对来人说："这是什么房子啊？此屋还不够我畜马啊，养猪还差不多……"然后让来人把图纸带回芷溪。百万公父子听到回话，心领神会，对杨簧更是敬重有加。之后，百万公父子将这栋豪宅取名为"正禧堂"，请来知名的塾师，将百万公家族的童子集中到这里读书，实行寄宿制封闭式管理，时称"上学堂"书院。

由于杨簧的那句妙语，一百多年来，人们习惯上将"正禧堂"叫作"猪寮屋"，只有少数人知道"正禧堂"这个大名。

杨簧为官一向清正廉洁，保持杨氏清白家风。杨簧六十余岁时，皇帝曾派官员考核杨簧政绩，由于杨簧没有给考核官员送礼，考核官员因而上奏皇上："杨簧已老，眼不明，耳不灵了。"于是，杨簧六十余岁便被退老。

"振威将军"邱作训

◎ 黄瑞铭　杨天佑

"振威将军"邱作训，是芷溪阁坑自然村（今称芷民村）人，为芷溪阁坑自然村邱氏开基祖丙一郎公第十七世裔。邱作训生于清雍正元年（1723），卒于乾隆三十九年（1774）。

根据福建龙岩连城庙前阁康村《邱氏丙一郎公世系谱》记载，邱作训从小喜欢学文、练武，童年时期，父亲送他到本地仙高崟书院启蒙开智。16岁时，他慕名到福清南少林寺习武，乾隆十七年（1752）参加省乡试武科考试，得了武魁（武举考试第一名）。先任广东英德守备，后升任湖北宜昌镇前营水师游击，再擢升施南协摄宜昌彝陵总镇，后因忠于职守，业绩突出，晋升为都督府大将军。

民国版《连城县志》卷二一《列传》记载，作训"幼习举子业，留心名教，所至洞悉民隐，有父母之誉。民负屈含冤者，为之代白当路，往往得伸。任英德营守备时，飞来寺僧富，当秋纳租，农夫多以妇人送租者。见之怒，协县严禁。邑大姓兄弟争产，为诵法昭禅师'一回相见一回老，能得几时为弟兄'句，其争遂释。出其家古物为寿，辞，惟受大锣二面"。

乾隆三十九年（1774），山东白莲教王伦率教徒起义，邱作训奉命出征，并担任先锋。邱作训与白莲教教徒展开多次拼杀，由于孤城援绝，最后在坚守城池的战斗中，遭敌三刀，都从心脏刺入，身受重伤，不治身亡。

又据县志载，邱作训牺牲后，其部下将其遗体拉回。百姓听闻，争相瞻仰。文载："……此丘公也，挥泪痛哭。着送公尸至会城，观者如堵。时死数十日，须眉如生。"白莲教被消灭后，邱作训部下纷纷将邱作训清正廉洁、爱护民众、体恤部下、勇敢作战等事迹上书朝廷。按司据情争之，"曰：'贼尚感邱公之惠，岂朝廷无法外之施耶？'事闻，议恤予祭葬，世袭罔替。追封振威将军，入祀昭忠祠"。

圣旨传至家乡，族人为其竖起华表。从此，文官经此下轿，武官经此下马，阁坑村因此而名扬四方。

同盟会会员吴建德二三事

◎ 吴有春

1911年的辛亥革命，推翻了腐败无能的清政府，结束了两千多年的封建制度，具有划时代的意义。辛亥革命的精神，鼓舞着全国每个角落的爱国进步志士。在培田山村里，有个书香门第之后，受辛亥革命思想的洗礼，立志保护辛亥革命成果，他就是留学日本的同盟会会员吴建德。

吴建德生于1886年，原名乃家，字博生，号浚臣。父亲吴震涛是廪生，后拔贡加光禄寺署正衔，任松溪县教谕，1904年丁忧回家乡，其间闻废除科举制度，便于1906年率先将家乡南山书院改办为新制学堂，致力于家乡教育事业，培养人才，此后未回任教谕之职。

吴建德就是在家乡受新制教育后，升入中学堂的。1911年春，他以优等第十九名毕业于汀州中学堂甲班。在辛亥革命精神鼓舞下，当年加入同盟会，更名爱群，以示爱国为民的革命志向和决心。

辛亥革命欢呼声刚落，民国政权就被袁世凯窃取。袁世凯派人暗杀宋教仁，并为了筹措战费，以"善后"为名，向英、法、德、俄、日五国银行非法大借款，积极筹备内战以消灭民主势力。于是孙中山发动二次革命，江西都督李烈钧接受号召，起兵讨袁。与此同时，爱群在家乡联络一些教师和学生，组织革命小组，在南山书院写血书，按手印，滴血盟誓，准备策应讨袁军入闽。

二次革命失败后，1913年8月，爱群跟随孙中山，为十六随员之一，经由福州马尾，中转台湾基隆，东渡流亡日本。不久，爱群进入东京明治大学学习法律。1914年7月，孙中山在日本组建"中华革命党"，爱群旋即加入，与上杭籍的傅柏翠同在一个革命小组。他们以实行民权、民生为宗旨，以扫除专制统治，建立完全民国为目的。袁世凯窃国后，下令解散国会，废除《临时约法》。1915年8月，袁世凯授意各地亲信鼓吹恢复帝制并纷呈推戴书，劝其登基。袁世凯即于12月12日申令接受百官朝贺，在北京中南海居仁堂称帝，定1916年为"洪宪元年"。这激起了全国有识之士的愤怒。

1915年冬，爱群奉孙中山之命，与连城籍的沈光甫（字毅民）、长汀县城人陈群等人，自日本返回福州，策划倒袁护国运动。由于事机不密，闽西有四人被捕。沈光甫与武平籍的萧其昌同日殉难，成为烈士。爱群在危急中将证件吞入腹内，与陈群一起被关押于福建督军署监狱。继而，陈群由当时的一名省参议员保释出狱。爱群在狱中坚持革命信念，每有不祥预兆，则从容整装，随时准备就义。兄长吴建贤曾到福州探寻其下落，甚至寻遍郊野新坟，未果而归。

不久，在唐继尧、蔡锷与李烈钧三位将军的英勇指挥下，护国战争取得节节胜利。袁世凯见势不妙，众叛亲离，只好取消帝制，随后病毙。

1916年夏，爱群始及出狱，他常以谋事不成又未成仁为憾。为了完成学业，他旋即重返东京明治大学就读，1917年获法学学士学位后回国，1918年就任漳州诏安地方法院推事，曾担选为省议员。这一时期，直、皖军阀控制民国政权，拒绝恢复《临时约法》和召开国会，实行独裁统治。孙中山在广州成立军政府，发动护法战争，企盼利用南方军阀与北方军阀的矛盾进行北伐，但由于南方军阀背信，护法战争失败。所幸，1918—1920年，闽西南地区仍由孙中山组建的直属护法军之援闽粤军控制，其中蒋介石的二支队司令部就设在漳州长泰。1920年，援闽粤军撤离福建，返粤驱逐桂系军阀，于是漳州重归于皖系军阀李厚基控制。

爱群目睹时艰，痛恨军阀统治，1920年愤然辞去推事职务，回乡为教育事业尽力，出任长汀县第二区公立第一高等小学（即他父亲创办的新制学堂）名誉校长。1921年秋，受聘到长汀省立第七中学任教。1925年春，因体弱多病，他辞去中学教职，回乡继任小学校长。

当年，时局不靖，匪患横行，常有拦路抢劫、偷猪宰牛、打架杀人的事件发生，爱群又被推举负责筹办保安社，每晚派丁巡夜放哨，防患于未然，使家乡人心安定，照常农耕。他还曾带领农友丈量田地，试图实行孙中山提倡的"平均地权"主张，但因时局所限，只落得一场空。最终于1927年病逝，时年42岁，令人惋惜。

故事篇

吴树钧其人及其画作《睡狮醒了》

◎ 吴有春

受到五四运动的影响,各地青年纷纷觉醒,就连偏僻的培田村也走出了三位朝气昂扬的知识青年,即吴乃青、吴曒和吴树钧,他们均赴法国留学。

其中,吴乃青学习政治,曾与周总理同窗,回国后任教于北京中法大学,翻译过《马克思生平及著作》;1933年,参加过十九路军"反蒋抗日"的"闽变",担任该军某师宣传科科长;全面抗战时期,回家乡从事教育。吴曒学习电机及无线电工程,回国后任职于国民政府交通部,被派往上海、南昌、新疆等地建立无线电台;新中国成立后,任职于广州、南宁、重庆、福州邮电部门,为当时国内新兴无线电通信的建立与发展、科研与教育做出卓越贡献。

然而,吴树钧留学法国后,未曾回国,因此家乡对于他的记载很少。当时法国被法西斯德国侵占,国内正艰苦抗日,音信不通,相传他在巴黎街头卖画为生,又得肺病,过着贫病交加的生活。据吴曒回忆,树钧曾到法属阿尔及利亚,以日光浴方法治疗肺病,最后未知所终。如今,树钧的内侄罗汝文先生家中放置有一张吴树钧的放大照片,只见他头宇高阔,佩戴眼镜,西装革履,目光有神,仪容儒雅。罗汝文所作《姑丈吴树钧传略》称:"公少怀壮志,以国事日艰,于1919年赴法国勤工俭学,入巴黎大学攻读文学,得博士学位。公习文学,志在回国后以之唤醒民众。在巴黎期间,公与蔡畅等革命先驱过从甚密,尝著文抨击时政,弘扬共产主义,常得同道嘉许。不久因家庭无力接济其费用,于法属北非养病,后改习美术以维持生计,更遑论归国川资也。1940年后即断绝音讯,或云葬身于德寇攻占巴黎之战火中也。"

2015年底,机缘巧合,笔者见到了一幅吴树钧的画作《睡狮醒了》,这是他于1938年为中国留法艺术家学会组织的救国募捐义卖而作的。

这是一件珍贵的抗战木板油画，具有特殊的历史意义。画作左边为大树，树叶落尽仍生机内蕴，蓬勃向上的树干显示了强大不屈的生命力，枝丫在天空中连接交叉延伸到右上角，可想象原来茂盛丰美的树冠，只待春回大地，绿叶红果一定又会出现。画作中部是只雄狮，体态雄壮，张开大口，露出长牙，怒目圆睁，发出怒吼，给人的启示是：在敌人面前只有威武不屈，正面迎击，才能压倒邪气，取得胜利。在"睡狮自警，醒狮自励"的精神影响下，抗日战争以来，爱国画家如徐悲鸿、何香凝等人都喜画狮子，以作为民族象征。画作右边为嶙峋巨石，苍崖如铁，背景则是霞光绚烂，初阳似血，给人以坚毅和希望，使画作意涵完善。引人注意的是，作者以"吴树钧"中法文签名，抗战口号直接成为画中题跋——"睡狮醒了，保卫国土，驱逐敌人"12个字以红色书写，非常醒目，这与作品的背景颜色和谐统一，因此该作品命名为《睡狮醒了》。

此次中国留法艺术家学会组织救国募捐义卖活动，共创作油画及彩墨作品100多幅，组织者分头向机关团体和社会人士发行销售彩票2600张。在巴黎社会各界支持下，活动获得圆满成功，购画者一般是爱国华侨，也有同情支持中国抗战的法国友人。这次活动中，吴树钧有4幅油画作品义卖成功。吴树钧的画之所以珍贵，不仅在于其抗战的主题，还在于其出色的作画技法。吴树钧的油画，局部景物写实运用西画原理，而整体配合则有中国民间画法的装饰效果。其色彩以主观美化，而描绘则客观如实。他用福建民间壁画的母本，嫁接了欧洲写实画理的技法。他的油画《桃花映日》就用壁画沥粉贴金的手法将桃花的明媚靓丽衬托得无与伦比。近百年来，油画民族化的中西结合是个大课题，吴树钧的油画可谓其中的一大尝试。

吴树钧来自中国民间，又受西方文化陶冶，其作品带有民间的乡土气息，但没有那种憨姿俗态。他更有热爱祖国的情怀，对于敌人的侵犯与掠夺，怀着无比的憎恨，这些爱与恨都充分融入了他的作品中，使之成为难得的时代物证。

吴屋巷里的三位"老先生"

◎ 罗 滔

《连城文史资料》第四十五辑刊载了江初祥《吴家巷》一文,介绍了吴家巷在历史上的辉煌和一批从这里走出去的古代名人。看到这些不认识的古人,不禁让我想起了住在这里的三位我所熟悉的"老先生"。

吴家巷的原名是"吴屋巷",是一条有六百年历史的老巷。它的北端巷口,面对连城最著名的文庙(儒学)。文庙的前面,土名叫"儒学前"。文庙门前是北大街,街道南边有一个莲花池,叫"儒塘"。走过儒塘边,就进入了吴屋巷。从康熙版《连城县志》到1981年《连城县地名录》,这条巷子都是叫"吴屋巷",老百姓至今还是叫它此名。

一

我所熟悉的第一位老先生是住在巷子北头第一间房屋"一亩庄"的罗莲舫。罗莲舫先生是文亨人,名镇藩,字莲舫。清光绪九年(1883)生于广西桂林。祖父罗炤致是桂林巨商,所开的罗义昌钱庄执湘桂两省金融界之牛耳。少年罗莲舫,聪敏勤学,能背诵四书全卷。19岁时,只身离开桂林到福州乡试,后考中清光绪二十八年(1902)举人,出任潮安县知事。任满后志向转为习武,赴日本学陆军,追随孙中山,加入同盟会,归国后在赣军任旅长。在陈炯明叛变时期,坚定护卫孙中山、宋庆龄,功绩昭著。抗战爆发后,他从厦门鼓浪屿回到家乡,将祖父在城关吴屋巷的宗祠"一亩庄"改修为住宅和裁缝铺,由妻子韩爱莲为裁剪师,自己则为创办连城县立中学四处奔走呼号直至成立。他历任连城师范和连城县中的国文教师,是最受学生欢迎的连城名师之一。

莲舫先生在县中教书时,已年近古稀,有着高高的个子、花白的胡子,上课时拿着一根长烟杆往讲台上一坐,就用那从广西带回的西南官话,抑扬顿挫地讲起课来。他讲课不是照本宣科,而是根据课文的内容,把他的读书心得、名人逸事和个人亲身经历都结合起来,让学生听得竖起双耳,忘了下课。有时还插上一两句文亨土话,引得学生哄堂大笑。人人都说听莲舫先生讲课是最生动的精神享受。对莲舫先生的讲课,他的学生江瑞琼《怀念罗莲舫老师》一文中有一段生动的描述:"莲舫师最使我钦敬和怀念之处,还在于他讲课中语言直观,阐释上博引周详。记得在讲授《赤壁之战》的'蒋干盗书'一节时,他对蒋干的为人,竟以文亨方言来说:'蒋干是个贼头贼脑、过桥端板,不顾后果的小人。'经他这么一说,我们全班同学都笑起来,课堂十分活跃,收到意想不到的效果。又如讲述《淝水之战》时,莲舫师做了这样的归结:'在淝水一战中,晋军能兵不血刃,以少胜多是有军事前提的:其一是,晋将刘牢之,先在洛涧夜袭秦军前哨,歼敌一万五千,大挫秦军锐气;其二是,晋军的队伍严整及在八公山布置疑兵,使苻坚望之疑惧,心存怯意;其三是,当秦军后移,阵脚撤动之时,突然冒出朱序(被俘的晋将)在阵后大喊'秦军已败,晋军追上来了'。顿使几十万秦军顷刻溃散,不知所措,自相践踏,草木皆兵。……'听完上述剖析,即使知识浅薄如我,也能初步领悟。总之,罗老师讲国文,就像讲故事一样文中有史,史中含文。莲舫师虽年逾古稀,却还童心未泯,讲起课来,笑容可掬;喻古论今,谈笑风生,他能很快缩短师生间的年龄距离。听他的课,学生们如坐春风。可以说,听罗老师的每一堂课都是一种精神享受。"

莲舫先生的儿子罗尚义是我的同窗好友,我经常到他家去玩。遇上先生在家时,就请他讲讲人生故事。真是海阔天空,纵横天下,那桂林的山水、北京的城墙、西藏的风雪、战场的烽火都从他的话语中,灌进我的脑海,令我眼界大开,到了天快黑了,我才恋恋不舍地离开他家。有一次还碰上一帮明耻中学的高中生来他家学古文,莲舫先生为他们免费辅导。当他讲到严子陵在富春江反穿皮袄垂钓的故事时,随口吟诗一首对严子陵的行为进行讥讽,以启发学生的思维。诗曰:"一袭羊裘便有心,名声虚传到如今。当年若着蓑衣去,海水苍茫何处寻?"莲舫先生的讲课方式对我影响很深,我后来当中学语文教师,也模仿他的方式,把自己读书的体会和亲身的经历加进课文的有关部分,以增强语文课的吸引力。

他的夫人韩爱莲是连城的英文名师。韩老师文雅清秀,说话细声细气,师从在鼓浪屿用英语授课的英国夫人,学成纯牛津腔调的英语。先随夫在长汀中学教英语,后在连城县中、明耻中学和连城一中授课。她语音清晰、纯正,教风优雅,听她读英语,犹如在听轻音乐,个个称赞。

莲舫先生1956年逝世于连城,享年74岁;夫人韩爱莲1983年逝世于上海,享年78岁。韩老师去世后,我曾写一副"爱心洒遍文川地,莲花香溢豸峰天"的挽联给她的儿子尚义,以表一个连城学子对她的敬意。

罗莲舫先生对国家有德,对连城有功,称得上是连城城关名流中的佼佼者!

二

从莲舫先生的"一亩庄"往前走几十步路的左侧,就是曾当过县长的李仕铨先生的家。

对仕铨先生的生平,1993年版的《连城县志》有个简明的介绍。现摘录于下:

> 李仕铨,字秉衡,连城城关人。生于清光绪三十年(1904)。民国十年(1921)毕业于县立中学后,因无力升学,遂应聘为姑田院庄小学、县立东塔小学教员。民国十四年,在革命思想影响下,仕铨与李竹秋、吴运启、李杏生、李少韩、谢子梅、罗玉章等人发起创办《连钟》月刊,仕铨为编辑之一,时与共产党员李云贵(当时任国民党连城县党部宣传委员)交谊颇密。《连钟》以宣传革命思想、反对列强侵略、反对军阀官僚、反对土豪劣绅为宗旨,抨击时政,反对贪官、倡议兴革,受到人民欢迎,但为当政者不满。民国十七年春,《连钟》停刊后,仕铨即赴

省考入福建省地方行政人员甲种养成所建设组。结业后，派充永春县建设科长。随后在福建省党部任秘书职务。抗日战争胜利后，曾一度主政连江县。在职未一年，因环境复杂，佐职难以得人，认为与其误事，不如早退，便以病辞归。新中国成立前夕，仕铨在福州加入国民党革命委员会。新中国成立后，在家乡以民主人士身份被选为县第二、三、四、五届和八届人大代表以及县政协一、二届常委。仕铨对中医颇有研究，晚年受聘为县卫生协会秘书，负责编辑《医案医话》《连城青草药》《青草药歌括》等书刊，并担任县卫生学校中医班教学工作。年八十余，犹孜孜学医不倦，为群众治病不遗余力。1987年5月病逝于家，享年84岁。

这段简短的文字告诉我们，仕铨先生在新中国成立前做过小学教员，办过革命报刊，凭考试进入仕途，当过县长；新中国成立后做过中医，当过人大代表和政协委员。特别是他在担任人大代表和政协常委期间，忠诚履职，积极参加调查研究，反映社情民意，同时撰写文史资料。如他写的反映国民党党部内部的一些文史资料，就是非常珍贵的史料。为了配合对台工作，他和童庆鸣、罗心如三人，不顾八十多岁高龄，积极参加反映家乡新面貌的电视剧拍摄，由对台办寄往台湾，在连城乡亲中反响强烈，对促进两岸三通起了积极作用。仕铨先生在修葺和宣传冠豸山景区方面也做出过努力。如在李姓修建修竹书院时，他除了积极参加修建工作外，大门两副对联"修禊名山思远泽，竹林佳话仰前贤"和"峦嶂千重瑞气迎朝日，明灯万盏灵光映晚霞"，正厅联"业创盛唐三百载，经传道德五千言"和"为国家育才永昭史册，仰列祖功业砥砺承光"，乃他与罗心如先生商量后所撰写的。

我跟仕铨先生有两次交往：第一次是在1954年春天。那年他的女儿瑞英从部队转业回来，准备去南京跟某团的宣教股股长赵民生结婚。那时我正好要去北京读书，两人就结伴北上。出发前在瑞英家见过老先生几次，记得临行时他还向女儿赠诗一首，说南京人才济济，鼓励女儿到了那里要虚心学习，奋发向上。第二次是在二十多年以后的1980年。这时的我刚从广西调回连城文化馆主编《连城群众文化》，仕铨先生经常为小报写诗作文，我得以去他家请教，使他成了我的良师。

仕铨先生对中医研究颇深,对中医的阴阳学说有自己的独到见解。他认为阴不能没有阳,无气则不能生形;阳不能没有阴,无形则不能载气,所以物生于阳而成于阴。阴阳二气不能有所偏:不偏就气和而生,偏则气乖而死。他在日常为乡民义诊中,兼取各家之长,灵活运用,疗效显著,深得病家好评。在仕铨先生家里,我亲眼见他为乡民免费开方治病。他聚精会神地诊脉,细心地察看舌苔,耐心地询问病人的感觉,开方后,还把病人送到大门口。遇上这样好的医生,不吃药,病都先好了一半了。

仕铨先生1987年去世,享年84岁。逝世之后,县政协为他召开了隆重的追悼会。

仕铨先生国学功底深厚,能诗善文,留下不少古诗佳作。下面谨录几首表现他热爱生活、热爱连城、热爱国家、服务人民的佳作,作为纪念:

一九六四年共学洪诸君游冠豸

三侠游冠豸,景物似当年。只是朱颜改,霜雪盈鬓边。
足力我独弱,登高让众先。丹梯且暂憩,远眺望文川。
文川何曲折,世道慨难全。风尘苦攘攘,性拙爱林泉。
煮茗莲花洞,长啸一线天。夜战观音寺,晨挥太极拳。
此日殊放浪,何时许永年!

浣溪沙·迎新年

祖国富强庆普天,万方歌颂舞翩跹,宏图畅叙竞先鞭。
雨露无私涵小草,时怀远树仰前贤,夕阳虽晚尚拳拳。

赞连城和(心如兄)

上游推第一,高格媲瑰琼。天际奇峰峭,纵横气局宏。
老区春独早,儿女乐长征,更有驱元鞑,千秋纪美名。

病榻遗诗（1987年9月16日）

惆怅年华似水流，清风两袖误春秋。
生平力学不为己，晚岁知医幸寡尤。
十载流离人亦苦，千秋功过史长留。
夕阳晚景无多久，犹自甘为孺子牛。

李仕铨先生已经走了30多年了，但他那温文尔雅、平易近人的音容笑貌，至今仍时常浮现在我的眼前。

三

从李仕铨先生家一直往前走，就到了吴屋巷的南端巷口。这里住着连城的又一位名流，连城县立中学的校长吴运启先生。

运启先生生于光绪二十九年（1903），出身书香门第，23岁毕业于北京朝阳大学法律系本科。朝阳大学是当时的名牌大学，法律系毕业生一般都在政府机关任职。但运启先生不满那乌烟瘴气的官场，拒绝了多个单位的聘请，决定回到家乡从事教育救国事业，先后担任了连城东塔小学校长、旧制中学国文教员、省立连师教务主任、连城明耻中学教务主任等职，积累了丰富的教育经验。

在北伐战争期间，他与李仕铨等进步人士，编辑出版《连钟》月刊，传播民主革命思想。抗战期间，他组织学生到街头募捐，演出《大刀进行曲》《保卫黄河》等文艺节目，鼓舞人民的斗志，为抗战胜利贡献力量。

1942年，连城县立中学成立。1945年，县政府秘书叶树坤兼任第五任校长。他"三顾茅庐"，把运启先生请出来当第六任校长。运启先生上任后，组建了一支精良的教师队伍。当时的教师队伍主要由三部分人组成：一是清代宿儒和社会名流；二是凤毛麟角的大学生；三是高中或师范毕业的高才生。

他们都是师德高尚、治学严谨、教学有方的连城教育界精英。

1946—1949年，我在连城县中读书，校长是运启先生，几乎天天都能见到他的身影。每天他都提前半小时来到学校，迎接师生入校。第一节课开始后，他立即检查各班的"学生点名册"，然后到全校各班巡视，发现问题立即解决。充分利用课间时间与教师交流情况，教育违纪学生，保证正常教学秩序。晚上他总会把当天的见闻和感悟写进备忘录，并做好第二天的安排。

他在县中实行了一套严格的考试制度和生活管理制度。如期末考成绩不及格的，都要在下学期初补考，补考三科不及格就要留级；迟到、早退都要受罚；每天都要集会升降旗，清点人数；等等。但在严格管理之下的县中，也有着丰富多彩的活动。如班级墙报比赛，元旦演文明戏，一年两次的远足，一年一度的童子军露营，跟明耻中学师生的篮球、排球比赛，街头宣传，等等，都搞得有声有色，培养了一大批人才。

由于校风纯正，管理有方，教学得法，连城县中闻名遐迩。除了本地学生来就读外，长汀的吴家坊、罗坊、四堡，清流的古坑、官坊、李家等地，都有不少人前来就读。连城县中成了当时四方学子求学的首选之地。

夫子循循善诱，校长尊师爱生。当年连城县中的老师们就是这样以言传身教的方法，引导我们走进知识的王国，他们的恩情我们永远铭记。特别值得我永远感谢的就是校长运启先生。他和蔼可亲，平易近人，一点儿也没有校长的架子。当时的中学生每个学期要交120斤学米，但我家境贫寒无法筹措，无奈之下，硬着头皮去找运启先生请求免交。他说："别人不行，但你是第一名，就给你免了！"我高兴得连忙敬礼致谢。他又补了一句："只要你年年考第一，我年年都给你免！"他的关心爱护给我了努力奋进的力量，结果不负他的期望，我每个学期都名列第一，因而三年初中没有交一斤学米。我后来能够读完高中、考上大学，当上人民教师，全靠运启先生当年的格外施恩。他对我恩重如山，对其他学生也是倍加爱护。记得在1947年春天，县中发生了一起罢课事件。一些同学因对一名老师体罚学生不满，发动几个班的学生罢课，跑到荣军公园去集会。运启先生带着老师去劝说调解，半天就平息了这个风波。当时县府有人主张查办组织者的政治企图，运启先生对他们说："这次罢课只是师生之间的一次误会，没有任何政治因素，你们不要无事生非。"他请县府秘书、前任校长叶树坤来校开会抚慰学生，表态不予追查，保护了这些组织者。

1949年10月1日，中华人民共和国成立了！但当时的福建还被国民党残兵盘踞，连城更是土匪横行，人心混乱。连城的有识之士决定起义，迎接解放军。运启先生毅然参加了响应起义的签名，并号召学校教职员工响应这次义举。1985年，中国人民解放军福州军区还给他颁发"起义证"。

新中国成立后，运启先生任连城姑田初级中学教导主任，后年老退休，1982年因病去世，享年80岁。书房里他自拟的对联"运雄心振兴教育，启后昆志赛前人"，概括了他的高尚情操。

他治校得法，治家有方，书香满屋，子女成才。1985年，连城县人民政府授予吴运启家"教育世家"的光荣称号。

敬老孝亲　　谦逊友爱

荣享皇恩"孝友祠"

◎ 黄瑞铭　邱尔煌

芷溪的大多数祖祠都具有宫廷建筑特色，壮观宏伟。而芷溪阁康桥头，芷民小学背后坐落着一座没有雕龙刻凤，没有精美的壁画、屏风，四面砖墙建筑，五开间结构，与普普通通的民居一样的祖祠。此祠名为"孝友祠"，它动工于清雍正三年（1725）冬月，竣工于次年春月。建筑面积并不大，仅200平方米左右，门前没有雨坪、月池，背后没有围墙，两边也没有厢房，只有上下厅，上厅两侧各有一个大屋间，中间是天井，下厅原来的大屋间现已拆除。这个看似普通的建筑背后，深藏着一个荣享皇恩的感人故事。

据黄福锦老先生介绍，孝友祠是邱瑾夫妻孝敬母亲，荣获皇上恩准所建的祖祠。

孝子邱瑾，字子美，号振南，芷溪阁康人。他自幼聪颖，求学认真。一天，邱瑾边读《孝经》边流泪。先生发问，方知邱瑾之父廷缙不幸早丧，尚未下葬。后经先生指点，邱瑾夫妇跋山涉水，方为父亲找到了安身之地，葬于芜山之巅。不久，邱瑾的母亲张氏又中风，寝食坐卧均要有人专门护理。邱瑾只好弃学，与妻子杨氏朝夕侍奉母亲饮食、洗澡、更衣、翻身等，每晚都要起来护理母亲四五次，从无怨言。

邱瑾为了察看妻子是否真心孝顺母亲，一日清晨，他特地登上村口圆墩，远望在河边洗衣的妻子，看妻子对母亲的衣服是否一样认真搓洗。没想到，妻子洗母亲的衣服比洗自己的更认真，搓洗过两三遍后，还要拿到鼻前闻过是否还有异味。还有一次，他假装对妻子说："有位远方亲朋约我过去商量谋生之计，我要离家三四天，侍候母亲之事就靠你一人了，让你辛苦了！"邱瑾说罢，提起行李走出家门。快到中午，他又溜回自家房子隔壁，暗中观察妻子言行。他见妻子小心地给母亲喂食，为母亲更衣，没有因为自己外出而改变态度,这才放心。

俗话说"久病床前无孝子",但是,邱瑾和妻子杨氏却三十年如一日,欢言笑语孝敬母亲,因而深得族人赞颂。此事一传十,十传百,很快传遍山村,不少乡贤雅士闻其高尚品德,无不啧啧称赞。

万历三十一年(1603),知府派县令徐大化送奖匾一块,题"夫妇纯孝"。同年,县令还申报乌台,邱瑾荣获"乌台奖孝"匾。

万历三十九年(1611),县令程三德送奖匾一块,题"孝德流芳"。

万历四十三年(1615),县令丘大成送奖匾一块,题"孝振宗风"。

万历四十七年(1619),县令雷同声送一幅黑色绸缎为底绣金的奖幅,题"纯孝格天"。横幅直至20世纪七八十年代每年春节仍悬挂于厅堂内(后因火灾损毁)。

雍正元年(1723),本族亲戚中一位名贤向省府、知府大力举荐,褒扬邱瑾夫妻行孝之品德。省府派按院李公旌奖书有"纯孝"两字的匾额一块和一副对联,题曰"纯孝振两间命脉,高风披乌府扬旌",并赏银制匾。

《连城客家情》第八辑记载:"雍正三年(1725),县令黄琬又据事申报督抚咨部,请求督学三宪批准汇题于祠。皇上感动,同意建祠,并题祠名'孝友祠'。"(同年十月奉旨祀主入孝友祠,于次年春月竣工)。因此,孝友祠正厅还有个"旨"字。

新泉"恩荣孝子坊"之由来

◎ 张桂生　张文林

新泉古镇有一条明清古街,据说,当年此街为"新城"(位于新泉村,筑于明弘治年间)横贯东西之交通要道。街的北面,有十六间清一色的商铺,经营着日常生活的各类商品,是新泉最繁华的街面市场。街的南面是徐公庙、戏台。戏台与新泉张氏家庙(张氏一世祖荣兴公祠堂)之间有一开阔地,是新泉民众看戏的场所,也是张氏家族举行重大活动的场所。张氏家庙有东、西两个入口。在西入口旁,有一高大壮观、雕刻精美的跨街石牌坊矗立着,牌坊上方横梁雕刻着五个楷书大字——恩荣孝子坊。

恩者,皇恩也;荣者,皇帝表彰之荣耀也。"恩荣孝子坊"在闽西并不多见,此块牌坊为乾隆皇帝御批表彰之见证。因受勋者张雯锦(新泉北村草营自然村人)一生富有诸多孝悌事迹,惊动了远在京城的乾隆皇帝。

孝子张雯锦,字云章,号在乾,又号绚亭。生于清康熙十六年(1677)四月初八日亥时,系新泉张氏荣兴公第十二世裔孙,在兄弟中排行老四,康熙五十年(1711)范宗师科生员,后人称其为在乾公,卒于乾隆三十年(1765)五月十六日辰时,享年八十九岁。其妻陈桂清(谥名淑顺),生于康熙二十二年(1683)十一月初一日辰时,卒于乾隆三十四年(1769)十月二十八日戌时,享年八十七岁。

张雯锦的事迹,民国版《连城县志》记道:"事亲以孝著。亲病数历寒暑,侍奉汤药,不懈晨夕。及卒,苫块三载。一门友爱,同居五代。生平尤多义举,乡人皆感其德厚而从风焉。"其事迹经逐级上报,由闽浙总督郝玉麟呈请,赐"恩荣孝子"鎏金牌匾一轴,悬挂于"粹美堂"中厅屏风之上。乾隆三年(1738),恭承皇恩拨给坊银,在新泉张氏家庙左侧(即西入口)街道上建造了一座石质牌坊,顶梁有"恩荣孝子坊"五字。该坊于同治三年(1864)

不幸被太平天国康王汪海洋部属捣毁。

张雯锦的事迹感动了许多人。当时的翰林院编修、南书房侍讲，宁化城关人雷铉，绕道驻足新泉时听闻其孝行和善举，在乡耆的陪同下，专程造访，作七律二十四言诗为张雯锦题像赞：

> 新泉之山翠若堆，一水澄澈自潆洄。
> 朴茂醇风真大古，族党蔼蔼元气培。
> 咸称绚亭抱至性，十五丧父切悲哀。
> 日侍孀亲奉甘旨，怡颜养志如婴孩。
> 天与厥配实贤哉，太邱远裔妇德该。
> 婉娩相随五夜读，温惠能将窦桂栽。
> 以兹麟趾及麟定，腾骧豹变多奇瑰。
> 莱庭五色衣常烂，王母千年桃并开。
> 羹墙喜复见张仲，乡郡能举梁孟推。
> 当途采访行人告，仁看表锡自天来。
> 我昔迁道造其里，其人苍鬓立蓬莱。
> 搦笔作歌为貌赞，芳规从此耀兰台。

接下来我们展开描述，向世人讲述张雯锦一生中的三个传奇故事。

传奇一：守孝三年加三月。在新泉，至今流传着"守孝三年加三月"的典故。张雯锦十五岁时父亲离世，母亲陈氏含辛茹苦抚养五个孩子，历尽艰辛，积劳成疾。张雯锦不出远门，几十年如一日，日夜侍奉左右直至母亲寿终正寝。按当时的礼教，逝者殓棺后在墓地的"宾馆"（连南一带称"逝寮"）停放三年，家人再选择吉时入葬墓地。在这三年中，其男性后人应在此日夜守护直至入葬。旧时的中国，平民百姓为了生计，尽不起如此孝道，只有大户人家才有可能尽守孝之责，但是他们往往雇请他人或家奴守坟。张雯锦在母亲逝世后，义无反顾地在母亲的灵柩旁边铺席守孝，在一个前不着村后不着店的毛荒之地陪伴故母，吃喝拉撒全在"逝寮"里解决。三年里，不论春夏秋冬，莫论风寒雨雪，他坚守如一，吃饭和用水全由夫人陈氏送至"逝寮"

故事篇

门口,旁人不得代替。三年守孝期至,夫人如时送早餐至门口,脸上略带笑容,道:"今天三年守孝期已到,夫君可以回家了。"张雯锦虽蓬头垢面、骨瘦如柴,头发和胡须长到几尺长,被蚊虫叮咬得遍体鳞伤,听到此言,霎时面带愠色,认为这是对母亲的不孝,转身面对"逝寮",说道:"我要再守孝三年。"妻子急了,连忙招呼全家人跪地祈求,声泪俱下恳求丈夫结束守孝,自己愿意到"逝寮"继续执孝三年。而张雯锦平时疼爱妻子就是远近闻名的,哪里肯依。于是在众人的一再恳求下,张雯锦最后答应再守三个月。

传奇二:无疾而终。张雯锦一生不仅孝敬长辈,而且治家有方,一门百口,五代同堂,不失为新泉家庭和睦的典范。卒之日,与平时一样早早起床,洗漱毕,遂唤百口家人尽到堂前,说:"今天是我与你们永诀之日。"家人不信,问其缘由,张雯锦含笑而言:"我的五指之血已凝,能活久乎?"家人还是不敢相信,张雯锦遂带家人登上后山顶,面对辽阔天空长啸几声。这几声喊出了他对人世及亲人的无限眷恋。随后,张雯锦在家人的簇拥下,回到"粹美堂"中厅端坐,儿女孙辈侍立两旁。张雯锦说:"我有五句话要交代你们,万万切记:一当孝敬父母,二要亲炙诗书,三毋恃众凌人,四毋灭伦辱祖,五宜小心火烛。"嘱毕,自掉其须,端坐而逝。

传奇三:百祭拦殡。在连南,有一个"拦路祭"的习俗,说的是老人千古出殡,前往墓地时,逝者生前如德高望重、誉满乡里、功德圆满,沿途村庄的村民会主动出来摆香案、上祭品、读祭文、送逝者,且不断有人加入送葬行列。张雯锦逝世后出殡,前往墓地要经过山背偃、岗头、新泉、官庄、芷溪、坪头等村庄,送葬队伍从早上六时出发,到晚上八时才到达朗村天水塘五秆墩下的墓地,沿途"拦路祭"达两百多道。

近三百年来,张雯锦的事迹一直在民间传颂着,村民们为"恩荣孝子坊"的损毁而痛心,盼望能早日恢复,呼声此起彼伏。这一天,终于来了。恢复"恩荣孝子坊"被列入新泉镇政府2020年为民办实事的十件大事之一,2021年"恩荣孝子坊"重建于新泉古镇。

忍让是福

◎ 吴德祥

从前,四堡某村有一个叫邹仁的人,家里有子孙数十人,平时仗着人多势众,横行霸道,强抢明要,无恶不作。而雾阁村也有一位家中有数十儿孙的人,叫邹伍,为人却心地善良,礼让为先,深得邻里爱戴。

有一年,邹仁到邹伍家要了一头仔猪,说是钱先赊欠,到年关再给,邹伍同意了。到了年关,邹伍到邹仁家讨要仔猪钱,邹仁不但不给,反而恶语伤人。邹伍忍气吞声,仍和气地说:"兄弟,都是乡里乡亲的,如果有钱你就依诺给我,如果没有总得有个说法,何必恶语伤人呢?"邹仁一听,竟气势汹汹道:"就不给你又能怎样?孩子们,把他给我轰出去!"于是他的儿孙们如狼似虎,一哄而上大打出手,可怜已七十多岁高龄的邹伍被打得掉下池塘,遍体鳞伤,自己默默地爬上池塘,一瘸一拐地回家了。

与此同时,有知情者早飞报雾阁邹伍的儿孙们。儿孙们一听邹伍被打,立刻各操刀矛棍棒,寻仇而去,刚走到村口,就见邹伍迎面而来。邹伍问道:"你们干什么去?"儿孙们说:"听见您老被邹仁家打下池塘,我们给您报仇去!"邹伍强作笑颜道:"哪有这等事?人家热情款待我呢,是酒太好了,我贪杯喝醉了,一不小心掉进了池塘。回去回去,真是胡闹。"儿孙们一听,大雾里看天——全糊了,但还是听邹伍的话,回家去了。

第二年,邹仁家因处处仗势欺人,竟闹出了人命,邹仁家死的死,逃的逃,一大家族四分五裂,家道迅速衰弱。消息传到邹伍家,邹伍对儿孙们说:"孩子们,你们去把猪圈里的猪拖出来宰了,我们家该吃猪肉了!"儿孙们甚为惊讶,一个个你看我我看你,齐声问道:"平白无故杀什么猪呢?"邹伍便将去年被邹仁家打下池塘的事说了一遍,并说:"孩子们,假如当时我不骗你们,你们必然会打出人命官司,那这猪肉我们就吃不上了。我骗了你们，也平息了一场祸事。现在他家自作自受，我的这口怨气也消了。这猪是不是该自己吃了？孩子们啊，你们千万要记住，凡事都要忍让，忍让是福啊！"

儿孙们这才恍然大悟。

新泉"六尺巷"的故事

◎ 张桂生

中国历史上有一个"六尺巷"的故事很有名,说的是清康熙年间,安徽桐城相邻而居的张、吴两家相互谦让土地,成就一条"六尺巷"的趣事。

事情是这样的。有一年,吴家拆旧房建新屋,想占用两家院落之间的一条三尺宽的小巷,张家不同意,于是诉诸衙门。县官见两家都是名门望族,故意不断是非,久拖不决。

张家人一气之下,修书一封,加急送到远在朝廷文华殿担任大学士兼礼部尚书的亲人张英手中,想通过张英的权势摆平这件事。张英看了来信,哈哈大笑,撸起长袖,挥笔写了四句诗:"千里家书只为墙,让他三尺又何妨?万里长城今犹在,不见当年秦始皇。"张家人看了,为张英的博大胸怀所感动,主动让出三尺巷道。吴家人闻之,深受感动,自感有愧,不仅不占三尺小巷公地,而且主动内移墙体,让出自家的三尺土地。后来两家各让的地被修成"六尺巷"遗留至今。现在,凡是到安徽桐城旅游的人们无不前往六尺巷参观,看的是风景,听的是故事,品的是精神。

新泉也有类似的"六尺巷",位于新泉镇新泉村温泉路53号。与此有关的建筑是一座精美的典型客家古民居,单层、砖木结构,坐东南朝西北,占地面积约500平方米,跨入门楼有一大约30米长、5米宽的狭长雨坪,二进厅,三开间,左右各有一不对称厢式横房。青砖黛瓦,歇山瓦顶,四周山墙为青砖砌筑,内房为木柱支撑板式隔墙,地面为石灰三合土。房内装饰豪华,雕梁画栋,砖雕、木雕、灰雕巧妙地敷设在关键部位,雕刻内容多为双凤朝阳、孔雀开屏、喜鹊登枝、鸳鸯戏水、牡丹盛开、梅兰菊竹等有吉祥寓意的图案,映衬出当年房主的雄厚财力。可惜,这样一座精美的清代建筑,却有一处缺陷,即左厢横房缺了一个角,外墙砌成圆弧形,最后的一个房间形状为"尖嘴猴腮"，既不好用，也不雅观。为什么建得起豪华民居的主人会如此设计左厢横房呢？

原来，这座民居的后面是一条六尺宽的巷道，是一条东门通往西门的交通要道（当时新泉村有一长505丈，建筑于1602年的城垣，围成一圈，沿着环村的连南河分别设5个城门：晋明门、集庆门、朝宗门、日新门、拥金门）。这座民居就在通往新泉温泉的城门附近，来往民众川流不息。左横屋的最后一个房间恰好在这条要道的拐弯处。如果将这个房间砌得方方正正，势必在拐弯处形成一个90度的直角，相对行走的人在直角区就有可能撞个满怀。房主人似乎没有为自己着想，而是将左厢横房往里缩，把90度的直角修成圆弧形。由此，道路上行人视野开阔了，不论是白天还是黑夜，远远即可看到或听到对面有人来了。

这位房主所做的善事远远不止这些，他还建设了书院"望云草室"，供少年读书学习；建设祖祠"张家祠"，使后人祭奠祖先、家族议事有场所，这里后来还成为毛泽东两次进驻新泉的住所和工农妇女夜校，为中国革命事业做出了贡献。

那么，这位传奇式的房主是何许人也？经多方考证，他叫张和卿（名禹钧，字森汝，因在兄弟中排行最后，后人又称之为森满公），为新泉张氏荣兴公第十六代裔孙。森满公自幼聪颖，饱读诗书，加上良好的家教，养成公道、正派、善良、勤劳的品质，二十岁出头就跟人闯荡江湖，投入新泉的传统行业——放木排。先是做排工，积累经验之后，当起了木材老板。

有一年五月，广东、福建连降暴雨，大河洪灾小河满，潮州的韩江水位超过警戒线，河滩上堆积如山的木材一股脑儿被冲进韩江，在厢子桥边堆成垛墙，而用船形木箱支撑桥面的厢子桥哪里经得住这特大洪水的冲击。知府急得像热锅上的蚂蚁，担心桥梁垮了自己被革职，担惊受怕却又无计可施，有人为之出了一个主意，即转嫁责任给木材商人。于是，一纸布告贴在厢子桥边：谁站出来承诺这些木材是他的，厢子桥若垮了便由他重建，木材也归他所有。

众多的木材商人，有福建各地的，也有广东梅州和西江流域的，眼巴巴看着自己的木材堆积在厢子桥边却不敢承认，怕桥垮了自己无法支付重建厢子桥的巨额费用。这时，有一个身材魁梧、皮肤黝黑、国字脸的青年汉子冲进围观的人群中，一把揭下布告，说："这些木材是我的，我负责。"说完面对咆哮的韩江，手举布告，双膝跪倒在地，说道："老天爷爷，列祖列宗，帮帮我吧，快快退水吧！"说来奇怪，不一会儿，倾盆大雨渐渐停了，转眼间漫过江堤的洪水退了，知府大人笑了，韩江两岸的百姓乐了，真是天助善人也。

  洪水过后，一场官司开庭了。众多的木材商人跳出来争夺木材，知府重重地拍了下案桌上的惊堂木，说道："谁叫你们当初不敢出来承担责任？这木材现在是张和卿的。退堂！"就这样，初生牛犊不怕虎的张和卿当初本想赌一把的，没想到挣得盆满钵满，顷刻之间成为百万富翁。发财不忘善举的张和卿在养育他的家乡新泉做了许许多多好事，奉献的精神也代代相传。

才高行厚　勤俭兴家

张鹏翼的故事

◎ 杨彬芳

张鹏翼,字蜚子,乡人称他为蜚子伯公,连城新泉人,生于明朝末年。自幼聪敏好学,智力非凡。几十年如一日,潜心研究程朱理学,成为明末清初一代理学巨子,著作甚丰。他一生躬行孔孟之言行,笃志不移,乡人尊他为贤人,新泉一带流传着许多关于他的故事。

一、神童出世巧命名

蜚子伯公的父亲名张象椿,是一个贫苦秀才,一辈子以当塾师为生。母亲郑氏也读过几年私塾,是一名贤惠妇女。父母生他时已年届五十。

他出生的那一日,后园的桃树突然繁花怒放,美丽极了。傍晚,落日余晖把整个新泉映照得灿烂通红,地下发出"当当、嘣嘣"似钟似鼓的巨大声响。就在此时,一个小生命哇的一声出生了。只见是个男孩,生得眉清目秀,两耳肥厚垂下至肩,两目炯炯有神。而郑氏因疲劳过度而昏迷入睡,朦胧中,她看见一个鹤发长髯的老人站在她面前,并和蔼地说:"玉帝念你夫妻为人忠厚,善良积德,特降一圣贤与你为子,希精心哺育。此子聪明过人,四岁即可说读,其后必成鸿儒,可与程朱比肩!"说完即驾五彩祥云飘然而去。郑氏一觉醒来,叙述所梦情景,夫妇喜不自胜,就把儿子取名为"张翼"。

二、宋雄遇才添一"鹏"

张翼四岁时,果能入塾课读,对《三字经》《人家日用》《千字文》等启蒙读物背诵自如。十二岁在笏山书院拜师就读,当塾师指点他阅读朱熹的《四书章句集注》时,他即说出了"心当在身内,身当在心内"之语。一次考试,塾师挂一个大钱于门窗上,要学生以此为命题作文章,大多人都以钱论钱，考证钱铸于哪年，论说铜质好坏及钱的流通、作用等。可张翼却从理学角度以钱的"外圆内方"细加分析，层层说理，文章洒脱，不落俗套。塾师挥笔评点："墨有光，笔有神，有韩苏之气质，是奇才也。"又一次，省学政派翰林宋雄到连城亲试张翼的才学，出作文题，名为《三人行》，让张翼去作。他提笔就写，如行云流水，一气呵成。宋雄一看，果真文采风流，非凡夫俗子可比，赞赏道："文如大将登坛，环而卫者皆七萃之士，无懈可击。"在表彰张翼的榜上用朱笔于"翼"之前加添个"鹏"字，改名"张鹏翼"，希望他像大鹏鸟，可以展翅高飞。

张鹏翼无意于功名仕途，倾心于理学研究和著书立说。他一生著作了《中华世统图》《理学入门》《立朝三谱》《警世格言》《日读小记》《艺坛杂说》《桑梓录》《童子歌》等四十七部书籍，共上百万字。

三、茄豆芳菲以尊师

张鹏翼尊敬老师的事迹，在连南三隘八村出了名。他在笏山书院就读时，为了请先生到他家吃一餐便饭，花了三个多月的时间，种出了一个茄子和一条带豆供先生食用。吃饭时，先生看桌上的菜只一茄一豆，茄子表皮橘红、肉质洁白如霜，一进口鲜嫩无比，还有一股兰花的芳香；带豆如绿色翡翠、晶莹欲滴，一进口清脆味美，还有余味无穷的菊花芬芳。先生赞不绝口，便询问茄、豆的来历，原来这一茄一豆是经过鹏翼精心培育结出的。他平日十分敬仰先生廉洁正直的高尚品德，便专门培育与先生品德志趣相仿的茄、豆以招待先生。他的茄、豆是用精致的花盆放在房屋顶上种的，下种的土是用一天的时间，跑了三十多里路到金石寨的顶峰采回的洁净的石漫（即悬崖峭壁上表皮附着的石垢）。因先生平日喜爱兰花、菊花，浇茄子的水便专用兰花浸泡，种豆子的水便用菊花浸泡，于是种出的茄、豆便有兰、菊的芳香。先生深为鹏翼的诚心所感动，当即赋诗赞扬，诗云："一茄一豆赛珍馐，饭香菜美世间无。殷勤士子高雅志，尊师佳话万古留。"

四、结庐冠豸拒逆将

清康熙年间三藩之乱时，耿精忠坑害百姓，福建道遭殃尤甚。这时鹏翼年届四十，隐居不仕，在冠豸山构筑书院而居。当时，院内泉水枯竭，鹏翼焚香祷告苍天，泉水复出，更为清冽可口。人们为纪念鹏翼的功绩，便把此泉命名为"圣泉"，几百来年长流不断。

耿精忠将领刘应麟拥兵汀州，闻张鹏翼为连邑博学鸿儒，且琵琶弹得出色，想与鹏翼结交，便派员到冠豸山，用轿子迎请鹏翼至汀郡。鹏翼一见逆将，不言谢意，反而义愤填膺，历数耿精忠恶行，声色俱厉。刘应麟受鹏翼责难，无言以对，只得护送鹏翼回冠豸山。

五、顶风冒雨苦修志

新泉笏山下的一段路原无名称，因乡贤张鹏翼曾在此顶逆风、冒大雨来考验自己的意志，因此得名叫蛮风印。

一天张鹏翼到笏山书院讲学，回途突然下雨，他未带雨具，拔腿速跑，一口气跑到家里，刚到家便大雨倾盆，欣喜未成落汤鸡。午饭后，他在书房打盹，酣睡中似乎听到孟子对他说："你成天喊要行圣贤之道，我多次说'天将降大任于是人也，必先苦其心志，劳其筋骨'，而你适逢小雨就奔走躲避，岂不违背圣贤之训？午后天将继续下雨，你若遵圣训，当再回到山下顶风冒雨，炼筋修志。"

张鹏翼一觉醒来，感梦之异，情景历历在目。他启扉外望，见天空乌云密布，狂风暴雨将临，他赶紧冲门而出，不带雨具。其时风雨正猛，他只身跑到山下，伫立在原地，任凭狂风暴雨袭击，若无其事，神态昂然，屹立不动。雨霁回家，他身已湿透，母亲责怪他，他却一笑而过："圣人要我苦其心志，劳其筋骨，我才这样做的！"后来张鹏翼成了乡贤，蛮风印的故事从此也在乡村流传。

木偶表演艺术大师徐传华二三事

◎ 吴尧生

徐传华从12岁开始学艺，到1988年夏病逝，从事木偶表演艺术整整七十年，他的一生是为闽西木偶艺术呕心沥血的一生，是为木偶表演艺术不断探索的一生。他的唱腔圆润洪亮，生、旦、净、末、丑无所不能，尤以老生和丑角（王乞佬）见长，其提线表演逼真、细腻、生动、准确、到位，能赋予木偶以人的情感，他把木偶演活的精湛技艺在福建乃至华东、华南都是一流的。因此，他被誉为"中国木偶表演艺术大师"。

可是，世人知道的仅仅是头顶"中国木偶表演艺术大师"光环的徐传华，对其学艺之艰辛、命运之坎坷、敬业之执着以及对观众的尊重和对党的忠诚却不甚了解。因此，本文介绍一些徐老生前鲜为人知的故事，让更多人能够多角度地了解这位德艺双馨的木偶大师。

一、立志学木偶戏

出生于1906年的徐传华，祖籍上杭县白砂里村尾坝上，是木偶表演艺人李如意之子，原名李金玲，兄弟4人中排行第二，后过继给赖源的徐象球为嗣，改名徐传华，6岁进乡间私塾，读《三字经》《弟子规》《幼学琼林》《增广贤文》《人家日用》等蒙学读物，受到良好的启蒙教育。其生父和养父均系"赖源老福星堂木偶班"的创始人和艺术骨干，聪慧的徐传华几乎都是跟着父辈在戏班的木偶堆里长大的，由于长期的耳濡目染，徐传华自幼就十分喜爱木偶表演艺术，并有极强的模仿能力。为了早点学会自立，为父母分忧，徐传华12岁那年便缠着他的两位父亲，嚷着要学木偶表演。在旧社会，民间戏班艺人不仅地位低下，而且四处漂泊，生活清苦。因此，徐传华的要求理所当然地遭到父辈们的极力反对。没想到小小年纪的徐传华却志向高远，向两位父亲立誓：一定要勤学苦练，争取成为一流的木偶表演艺人，为"老福星"争光。他们看到了他身上的潜力和决心，拗他不过，只好勉强同意他进木偶班试着学艺。

刚进戏班，唱腔、道白、提线、乐器、锣鼓，生、旦、净、末、丑，要学的东西太多了，但心急吃不了热豆腐。吹拉弹奏、唱念做打，一板一眼、一招一式，都得下苦功勤学苦练。遇到不懂或操作不好的问题，他就虚心向师傅和师兄讨教，反复演练，直到弄懂、学会方肯罢休。他先学打锣鼓，后转学前台提线，由于聪敏好学，很快就掌握了提线木偶的提线、扣线、勾线、挑线和拨线等操作技巧，16岁出师，胜任生、旦、净、末、丑五门头角色，尤以老生和丑角见长。但见那个袒胸露腹、造型滑稽的王乞佬在他的操弄下，时而弓身缩首，时而挤眉弄眼，时而翻筋斗，时而吐烟圈，加上他抑扬顿挫的方言道白，嬉笑怒骂，插科打诨，诙谐幽默，活灵活现，常常逗得观众哄堂大笑。1930年，他自创"汀连老福星木偶班"，闯荡永安、宁洋、清流、长汀、宁化、漳平、大田、永春、德化等地，颇有声望。

没想到，当时两位父亲一个试试看的决定，竟成功地孕育出了一位木偶表演艺术大师。

二、智救游击队员

20世纪30年代初兵荒马乱，民间戏班颠沛流离，艺人大都是穷苦出身，他们常会遭到国民党反动派和土匪恶霸的欺凌勒索，因此，徐传华和他的艺友们自然就同情革命，拥护红军、游击队。在三年游击战争时期，徐老和他的艺友们利用走村串乡，熟悉地理环境和认识人多的优势，常常帮助被封锁围困的红军、游击队传递情报，采购食盐、火柴、电池、药品等紧缺物资。至今，在连城、新罗、漳平、永安接合部的民间，还流传着徐传华机智掩护游击队员脱险的故事。

话说在游击战争时期某一年秋天的一个晚上，徐传华的"老福星"木偶班正在宁洋沙田（今漳平属地）的一个祠堂里演出，突然有一个四十岁出头、农民打扮的中年汉子心急火燎地跑到后台，对徐传华说："徐师傅，反动派正在追捕我，快帮忙掩护我吧！"正说话间，一群国民党兵和民团队员就包围了演出场地，他们嚷嚷说要搜捕游击队员。情况危急，徐传华机智果敢地对那位游击队员说："莫慌，跟我来。"并随手塞了一个小铜铃在他手中，叫他跟着乐队一起演奏。一会儿，几个反动派闯进舞台，冲着正在演出的徐传华等人叫道："台上有陌生人吗？有就交出来，包庇'共匪'是要杀头的！"面对张牙舞爪的反动派，徐传华沉着冷静，面无惧色，谎称那个游击队员是木偶班的演员，巧妙地掩护他安全脱险。

三、漳州城脱险

20世纪30年代初，闽西的土地革命斗争风起云涌。受进步思想的影响，徐传华也积极投身于革命的洪流中。1932年4月，毛泽东率领红军攻克闽南重镇——漳州，为了更好地配合红军的军事斗争，庆祝胜利，扩大革命影响，徐传华立即跟进演出《宋江入城》和现代戏《打武昌》等剧目，轰动了漳州城。红军撤走后，驻守漳州的军阀张贞恼羞成怒，下令国民党漳州伪警察局在全城追捕徐传华，扣押戏班子。幸亏有浦南纸客的热心帮助，趁伪警察还未设卡封城，戏班成员分散乔装出城，才成功逃脱敌人的魔爪。

四、献艺中南海

1955年3月，徐传华被选拔赴京参加全国12个省（市）木偶、皮影戏观摩演出，在中南海怀仁堂为朱德委员长和周恩来总理等党和国家领导人做汇报演出。连城木偶戏被安排在首场登台，徐传华生动细腻的出色表演赢得了观众热烈的掌声，受到领导人的高度赞赏。徐传华并被文化部聘为中国木偶艺术剧团教员，他在京执教期间，与团里的演员主动交流、热心传授，将闽西客家木偶表演艺术的种子播撒在中国木偶艺坛这块肥沃的土壤里。

五、载得盛名归

1955年9月，经文化部选拔，他和闽南木偶表演艺人杨胜、陈南田等人组成中国木偶艺术演出团，出国到捷克的布拉格、波兰的华沙、苏联的莫斯科等地访问演出100天。徐传华主演《大名府·过关》一折中的王乞佬，凭借耍蛇、顶杆、倒立、翻筋斗等动作，其厚积薄发、精湛细腻的木偶绝活表演轰动了欧洲，好评如潮，被当地的报刊誉为"中国木偶表演艺术大师"，蜚声国际艺坛。

六、"猪倌"木偶梦

"文革"十年，连城木偶剧团被迫解散，徐老也受到冲击，被打成"黑线人物"，下放回赖源老家养猪放牛。离开他视为生命的舞台，他痛苦、彷徨，有时也会与他的艺友徐火炎、徐星辉、徐训南等人喝喝闷酒，但他决不绝望。他常用受冤屈的古人和戏剧人物的故事激励自己和艺友们，坚信乌云总遮不住太阳，邪恶总战胜不了正义。他在猪圈旁，一边给猪喂食，一边雕刻木偶头，怕手指生疏，他就躲在家里操练木偶；怕嗓子"生锈"，他就趁放牛的时候，跑到深山无人处放开嗓门大吼："我在城楼观山景，只见城外乱纷纷……"同时借此发泄胸中的郁闷，期待重返舞台的那一天。

村民们看他常常雕刻、把玩木偶头，就揶揄他："你都回来喂猪了，还弄那玩意干吗？"他只是抿嘴笑道："呵呵，总有一天会有用的，会有用的。"

果然，功夫不负有心人。"四人帮"垮台后，神州大地又迎来了艺术的春天，他的冤案得到平反，连城木偶剧团重建，他再度出山担任团长，终于重返他日思夜想的木偶表演艺术舞台，他雕刻的那些木偶头也统统派上了用场。

七、"抠门"的掌柜

在同事们的眼里，徐传华不仅是个艺术大师，对艺术从严要求，更是个和蔼可亲的长者和"抠门"的当家人。

"文革"结束后，连城木偶剧团复办伊始，他担任团长。此时，他虽年逾花甲，身体亦积劳成疾，患上了腰椎病，但雄心不减当年。招新人，编剧本，排剧目，改进舞美，制作道具，建剧团办公宿舍大楼，工作千头万绪，困难重重，事无巨细都得靠他这个"掌门人"运筹帷幄。但徐老从不主动向组织伸手要钱要物，他常说："我们现在的条件与新中国成立前的旧戏班相比，真是天壤之别,我们要懂得感恩啊!我是共产党员,我们的困难要自己想办法克服,不能给政府增加负担。"为了节省资金,他常常以身作则,因陋就简,自己动手制作木偶和其他道具。在徐传华和全体演职人员的共同努力下,剧团一步一个脚印,从小到大,从弱到强,复办仅一年,表演实力就赶上甚至超过了"文革"前的水平,为振兴繁荣闽西的木偶艺术事业做出了重大贡献。

八、观众是上帝

"我们的表演要对得起观众,他们是我们的衣食父母,是上帝。"这句朴实无华的口头禅,是徐老从艺的准则。

他是这么说的,也是这么做的。经过数十年的舞台磨炼,新中国成立初期,徐传华的木偶表演艺术已达到了省内外一流水平,木偶在他手中就像有了生命一样,他能把人物角色喜怒哀乐的情感表现出来,把木偶给演活了。徐传华精湛的木偶表演技艺,都是他平时勤学苦练、精益求精的结果。

1980年冬,徐老率团在漳州角美演出,突然接到电报,惊悉其妻吴喜招在赖源老家病逝的噩耗,但是,彼时剧团还有数场戏的演出合同尚未履行,徐老又是主角之一。大家都劝他回家,可是徐老却强忍着悲痛说:"谢谢大家的好意,这个时候我不能先回去,再说广告都贴出去好几天了,许多人就是冲着我的名气来的,我们不能辜负观众!"他坚持到所有演出完毕,才回到妻子的坟上悼念。他一边流泪,一边哽咽道:"老伴,对不起,对不起哈!……"没能见上相濡以沫几十年的老伴最后一面,送她走完最后一程,成为他终身的憾事。

九、不能欠党费

徐老1961年加入中国共产党,有很强的党性,几十年如一日地用党员的标准严格要求自己。他政治上坚持党的四项基本原则,艺术上坚持为人民服务,为社会主义服务的方针,把自己毕生的精力奉献给了闽西木偶艺术事业,多次被评为先进工作者,出席省、地、县劳模会。

1988年孟夏,一直在赖源养病的徐老已经双腿浮肿、病情严重、卧床不起了,仍天天念叨着交党费的事,直至其长孙徐北海到连城木偶剧团替他交清所欠的两个月党费，他才放心。这充分体现了一名老党员极强的组织观念。同年8月27日，为闽西木偶表演艺术呕心沥血、奋斗一生的徐老，终于像一根燃尽的蜡烛，因病医治无效，与世长辞。

  虽然徐老离开我们了，但是他那对艺术执着追求、一丝不苟的工作态度，他那为党的文艺事业忘我工作、奋不顾身的奉献精神，他那百折不挠、勇于担当的"硬骨头"气魄，他那舍小家、顾大家的全局观念，他那严于律己、宽以待人的处世之道，他那先人后己、助人为乐的古道热肠，为我们树立了很好的标杆和榜样，永远值得我们去缅怀、学习、借鉴和发扬光大。

"锡状元"的由来

◎ 吴德祥

连城县四堡镇是远近闻名的锡艺之乡,其制造的锡器名播闽、赣、粤边境地区。如今,四堡的锡器工艺被列入了省级非物质文化遗产名录。

相传,明万历年间,四堡镇枧头村有一位打锡师傅,名叫吴一龙(1515—1589)。他自幼学习打造锡器的工艺,技艺超群,随着年龄的增长,声誉日隆。有一年,皇帝下诏,令举国能工巧匠进京打造锡器,供皇宫使用,吴一龙应召上京。他为人忠厚,不善逢迎巴结监工,因此被安排做一位江西师傅的助手。他认为自己的手艺并不比江西师傅逊色,凭什么就只给他做助手,心里很不服气。但他知道去跟监工理论是没用的,搞不好还招来陷害,只好忍气吞声。

一天,恰巧万历皇帝要来工场视察打制锡器的情况,吴一龙想:"何不趁此机会在皇帝面前一展技艺呢?"让皇帝看到自己超群的技艺,监工就不敢压制他了。于是,吴一龙干活故意慢条斯理,装聋作哑,搞得江西师傅很生气,骂起吴一龙来,由此惊动了皇上,皇上把二人叫过去问话。这可把江西师傅吓坏了,忙下跪陈述原委,自称罪该万死。万历皇帝听了后,就问吴一龙为何故意刁难怠工。吴一龙心中早有准备,说:"启奏陛下:不是我故意刁难怠工,而是我身怀绝技,却得不到重用,想请陛下为小人做主,让我施展才华,为朝廷尽力,打造出精美的锡器。"

万历皇帝一听,就说:"你说你有高超的锡器工艺,怎么让人相信你呢?"吴一龙说:"这个简单,让我与江西师傅同时打造一条锡龙,工艺水平高下立判。"万历皇帝一听有理,便同意他们两人各造一条锡龙,送呈御览。

于是两人在同样的时间里各打了一条锡龙献上。这日,皇帝偕皇后等人在宫中共同观赏两条锡龙，但见：光闪闪，龙头凤爪思起舞；星灿灿，祥云绕身欲飞腾。双龙栩栩如生，各有千秋。皇帝龙颜大悦，嘉奖二人手艺不凡，但是两条龙都工艺精湛，难分高下，怎么办呢？于是就把吴一龙召去，说："朕看了你们二人打造的锡龙，觉得都差不多，怎么能证明你比他的技艺高呢？"

吴一龙跪奏："皇上圣明！只要将两龙放置水上便可知。"于是，御花园的莲池畔，皇帝高坐龙椅，嫔妃宫女云集，热闹非凡，锡龙戏水比赛就要开始了。只见一太监将江西师傅打的锡龙放入水中，一会儿就下沉了。观者不禁有些失望，看那江西师傅的脸上已是忽红忽白。当另一个太监将吴一龙打造的锡龙放进池中时，锡龙却浮在水面，左右摇摆，上下翻腾，逗得围观者齐声叫好。皇帝更是龙颜大悦，不禁连声赞道："真乃状元之才也！真乃状元之才也！"

后来，工期已满，吴一龙回到家乡，以打锡为业，招徒授技，使这一技艺在四堡得以传承发扬。"锡状元"这一美誉也不胫而走，四堡也就成为"锡状元"之乡了。

版筑家声远　　盐梅世泽长

◎ 傅火旺

在傅氏宗祠门口，我们常会看到一副对联："版筑家声远，盐梅世泽长。"这里包含两个典故："版筑"和"盐梅"。只有理解了这两个典故，才有可能读懂这副对联。

《孟子》之《生于忧患，死于安乐》篇载"傅说举于版筑之间"。傅说，古虞国人，生卒不详，傅姓始祖，商朝宰相。

《史记》记载，前1250年，武丁即位后"思复兴殷"，但"未得其佐"。为找到一个能辅佐他治国安邦的得力贤相，他用三年时间遍访民间，寻找人才。听说傅岩的一个建筑工地上，有个叫"说"（同悦）的奴隶，发明了"版筑法"（用两块木板相夹，填入汲土，用杵夯实，层层加高，形成一堵厚实的土墙，用于筑堤、筑坝、筑墙建房）。他用此法有效治理了洪水，震动了黄河两岸，被民间誉为"圣人"。武丁得知后，便去探访，与其长谈，发现这个奴隶非同一般，视事高远，洞悉民间疾苦，忧国忧民，还能讲出一套安邦治国之策，引经据典，论理深刻。武丁听后，顿呼"果圣人也"，乃有意提其为相。但在当时的奴隶制社会，贵贱等级分明，要把一名奴隶破格提拔为相，势必会遭到朝野反对。武丁便利用人们信奉天命的心理，采取了"上天托梦，天赐圣人"的办法来选贤任能。

一天晚上睡觉时，武丁突然放声大笑起来。仆臣们听到笑声，趋前询问，武丁笑道："我商朝有希望了，先王汤在梦中给我推荐了一名贤臣，让其辅佐我治理国家，你们快去把此人找来。"仆臣们对武丁的话深信不疑，可是到哪里去找啊？武丁便让画工画出他梦中见到的圣人模样，尔后命大臣拿着画像四处寻找，结果在傅岩找到"说"，只见说与画像惊人相似，乃带回宫中面见武丁。武丁见后大喜，说梦中所见就是此人，当场宣布解除说的奴隶身份，举以为相。因为是在傅岩找到的，武丁则为说赐傅姓，叫傅说。"傅"又谐音"辅"，有"辅佐"之意，而"说"同"悦"，有"高兴"之意。

傅说被提拔为相后，推行了一系列改革，使商朝得以中兴。傅说被誉为"中兴名相"，被封为"圣人"而名垂青史。他是中国历史上第一位有文字记载，而且是唯一一位在世时就被称"圣"的"圣人"。单就"圣人"这一称谓来讲，傅圣人比孔圣人早了800多年。

而"盐梅"的典故则源自《尚书·商书·说命下》。上古时期，调味品非常少，人们用盐调咸味，用梅子调酸味。若要做出美味的食物，就要用盐和梅子来调味。武丁把宰相傅说帮助自己处理政事比作生活中不可缺少的和羹调料：盐梅。这一比喻后来被用来称美宰相之位，象征着国家所需的贤才。

盐梅的典故在文学创作中也很常见。例如，沈佺期、高适、杜甫、韩愈等诗人在他们的作品中都运用了盐梅的典故。"盐梅和鼎食，家声众所归。"（沈佺期《和户部岑尚书参迹枢揆》）岑参的长辈中曾有三人任宰相，这里以"盐梅"点明岑参出身相门。"激昂仰鹓鹭，献替欣盐梅。"（高适《酬裴员外以诗代书》）这里借以描述自己入朝见到宰相理政的情景。"吕尚封国邑，傅说已盐梅。"（杜甫《昔游》）这里追怀傅说辅佐之业，感慨自己不逢时。"褰旒去耳纩，调和进梅盐。"（韩愈《苦寒》）这里用"梅盐"比喻贤相，谓皇帝摆脱蒙蔽，进用善于治理国家的贤臣。

裴尚书赠联培田书塾草堂

◎ 吴有春

裴应章，明隆庆戊辰科（1568）进士，曾任吏部尚书，朝廷敕命书中称他"志行纯恪，才优敏明。……惟正直可以肃官堂，惟忠厚足以存国体"。他是汀州清流人，其故居门额石刻"宫保尚书"系赠封。

明弘治年间建于北京正阳门附近的汀州会馆，裴尚书曾是其后继掌管人，馆内至今留有他撰写的楹联："帝里衣冠聚，天涯骨肉亲。"由此可见裴应章的高远气度与思乡之情。

培田吴石泉于嘉靖四十五年（1566）任职广东肇庆府新兴县尉，其上司林则时县令称石泉君"资性警敏，才优练达"。新兴绅耆谷岑万进士也有赞语："殚心尽力，共襄美政；严以自持，夙夜匪懈；偏执不存，苞苴不事；衢童壤老，悉歌其泽；当涂大吏，咸歌其能。"可见，吴石泉政绩斐然。他于隆庆年间北上京城入觐，接受朝廷表彰，升职为贵州仓太使。在京期间住于汀州会馆，与裴应章相识相知，此后逐渐成为好友。裴应章为吴石泉作《石泉吴先生七十一寿序》称："吴君归课贤郎，诵读有声。日与二三老叟趣游桑苎间，计春秋已暮矣，寂其心盖欣欣然自得也。……吴君壮岁服官有其爵矣，禄以养廉有其禄矣，年几耄耋有其寿矣。……"

古代有请名人为上祖作像赞、寿序、行略等文章的习俗，借此表示孝敬祖宗、显扬家声之情。由此，吴石泉请裴应章为其祖父吴祖宽创办的"石头丘书塾草堂"题书门联。裴应章欣然答应，挥毫赠联："距汀城郭虽百里，入孔门墙第一家。"

此联在吴家坊成为激励家乡后裔勤奋读书学习，树立高远志向的动力，还刻入吴家坊开基祖祖祠和南山书院，作为门联。联句则是近代名儒李云霄（字步青）于1946年所书。

四堡村民作巧联

◎ 吴德祥

在四堡马屋村,流传着村民巧作对联的故事。

一、老农巧联对巡检

从前,四堡马屋村水口有一座桥,桥上有四个大字——"长桥永寿"。故此,人们称它为长寿桥。这四个字是一个老农题写的。

有个巡检官员路过马屋长寿桥,看见这四个字写得苍劲有力,雄浑厚重,堪称书法珍品,赞不绝口。听说是个普通农民题写的,他怎么也不相信,就叫手下人把那个农民叫来。他要看看这个老农是何等人,到底肚子里有几点墨水。

老农被叫来了,巡检命人奉茶,并随口吟道:"清明茶,请清客,喝得清清明明。"巡检吟出的分明是一句上联,巧妙地用了重字、回环、叠声等修辞手法,要对出下联不是一件容易的事,这是故意要考老农的机智与文才。

谁知老农不假思索,随口应道:"太平官,管太平,管得太太平平。"

巡检感到愕然,但心里仍不服,在请老农用餐时,又出上联:"高山种粟,粟未生,茅草先生。"

老农一听,知道巡检在嘲讽自己,决定也不客气,要给他个有力回击,于是对道:"平地晒谷,谷未干,母鸡巡检。"

巡检嘲讽不成,反被羞辱,不由得真心敬佩,向老农拱手作揖道:"四堡真是人文荟萃的好地方啊,连一个普通老农都这样有才学。佩服!佩服!"

(讲述人:马振华)

二、马选良巧作戏台联

马选良是四堡马屋村精岐黄、通经史的博学多才的民间文士,享誉乡里。1952年,四堡喜庆丰收,特请宁化越剧团前来演戏,而戏台两侧尚少一副对联,于是剧团慕名请马选良先生撰写一副。马选良略一沉思,结合戏剧特点,作了一副长联:"看其中:有善有恶有弱有强有忠有奸有侠有义,蛇神牛鬼月下纵横,好一部人物备考;就这样:忽悲忽喜忽哀忽乐忽离忽合忽败忽兴,泡影昙花眼前生灭,真满台古今传奇。"

上联连用八个"有"字,下联连用八个"忽"字,把戏剧特点和人间世象表现得淋漓尽致,堪称绝妙佳联,观者无不称赞。

至道禅师在芷溪留下的两副禅联

◎ 杨天佑

民国版《上杭县志·方外传》写道:"至道禅师,名性戒,本吴中人,六岁从闽县僧敬心为徒,及削染年二十,闭关历五寒暑,博通经典。一日书壁云:'出家不成佛,心中思何物。'遂遍叩诸方参学。明崇祯间至县,结茅庵于小吴地之马头山。清顺治三年,僧腊五十七,预制一龛,端坐示寂,遗命僧众,六年后依教焚化。至期启视,肉色不坏,骨节珊然。里人惊异,即真身漆之以金,迄今犹存。其首微侧于右。"此肉身佛,在马头山寺供奉了数百年,"文革"时被毁。

至道禅师亦称至道和尚,史称"南方活佛",曾经在芷溪仙高崬白云寺和桃源山鹿苑寺弘扬佛法,并分别为白云寺和鹿苑寺撰写大门禅联。

一、仙高崬白云寺禅联

民国版《连城县志》卷八《名胜志》载:"仙高崬,距丰图、芷溪、新泉俱十余里……地居三隘之委。前明时,辟为丛林,梵宇连云,僧徒指千,山田数十顷,游人络绎不绝。"

康熙四十八年(1709)廪生杨开春为白云寺撰写的碑文载,仙高崬白云寺始祖是御牒僧月空和尚,嘉靖二年(1523),他偕其徒大智和尚,草衣木食,挂锡于此。再传法藏和尚,钵资殷实,法器具备,因建楼舍焕然一新。至四传宝印和尚,辛勤积累,广置寺产……明末,至道禅师亦曾到此传道,他撰写的禅联至今仍用大理石刻在大门左右,联云:

> 崟高仙语近，隔断红尘，何须温泉洗耳；
> 地僻人踪远，放开青眼，且看金石点头。

站立在仙高崟白云寺大门前，可以看见十里之外，新泉的温泉氤氲袅袅；号称芷溪八景之一的金石寨，也似时时在向仙高崟行点头鞠躬礼。联文可谓形象逼真，意境悠远。

二、桃源山鹿苑寺禅联

民国版《连城县志》卷八《名胜志》载："桃源山，距芷溪十里……高数百仞，明丽端秀，亭亭玉立，雪后望之，朗若琼瑶。乡志曰：桃源积雪，随水入，转山背，则四山围绕，泉甘土肥，别有天地。"

"桃源积雪"为芷溪八景之一。桃源山主峰之背有一片平地，面积数千平方米，四周古木参天，翠竹掩映，居中有一眼甘泉，汩汩流出，鹿苑寺即坐落其中。

鹿苑寺初建于嘉靖二十六年（1547），原是芷溪黄万诚、黄万德兄弟所建之桃源精舍，为读书讲学之所。清初扩建，兼作佛寺。至道禅师从仙高崟白云寺转驻此处，并撰联曰：

> 入定鹊归巢每触驴声弘悟性；
> 谈经龙助雨大开鹿野致玄风。

鹿苑寺因此得名。

无论是从文学的角度去欣赏，还是从佛学的角度去参悟，两副联文都非常耐人寻味，让人爱不释手。

杨家坊驰名四方的木工技艺的来历

◎ 杨彬芳

太平庵位于新泉镇杨家坊村南。相传,由村中名流杨前溪、李环溪倡导建造,始建于明万历年间,属宫殿式建筑,整体建筑材料大多是木料。屋顶结构为"福海式"。

建庵之初,当地村民从江西请来木工师傅设计架造。开工后,本地车田坪自然村小伙子杨各朝当炊事员。他炊事之余观看师傅干活,偶尔也上前摆弄工具,暗自学习木工技艺。到了年底,师傅回江西过年,当时正厅的"福海"架式有四根檐柱是重要大件,已造好两根。

各朝趁此机会,学着师傅的样子,把另外两根造好。来年正月,江西师傅回来看见四根檐柱整齐摆放着,经查,另外两根非常合格。师傅很惊奇,一问原来是各朝所造。面对如此聪明好学的小伙子,师傅感叹道:"杨家坊人如此聪明能干,我今后将不能继续在这里挣饭吃了。"

此后,杨各朝将"偷学"来的技艺,在家乡广为传授。经过数代徒弟的努力,杨家坊成为远近闻名的建筑之乡、闽西名副其实的客家建筑祖地。

张京翰智救恩师

◎ 张汝莘

张京翰,字林文,号西邨,连城新泉人,生于清乾隆二十三年(1758),卒于道光七年(1827)。

乾隆四十五年(1780)秋,张京翰应浙江庚子科乡试,中了举人。时任杭州钱塘水师营都司的叔父国宝非常高兴,并鼓励他继续努力,准备翌年进京参加殿试。

浙江学政窦东皋时任浙江乡试考官,对京翰的为人和才学非常赞赏。京翰中举后即受到窦东皋的邀请,成为学府的幕僚。那时,浙江巡抚贪赃枉法、横征暴敛、网罗党羽、排除异己。窦东皋为人正直无私,不愿入其圈子,并指责其加征赋税增加农民负担的行为,引起巡抚的不满,巡抚反诬窦东皋私卖功名。朝廷听信巡抚的一面之词,召窦东皋入京受查。将行,窦东皋对京翰愤慨地说:"现在浙江的士吏与其党羽沆瀣一气,排斥异己。你在此势单力薄,赶快回福建奋力攻读,以你的才智,明春肯定能够考取进士。"京翰回道:"学生深感老师的栽培之恩,现在老师遭受冤屈,学生不能坐视不理。望等待三两日,待弟子想办法,弄到士吏加征赋税的证据,老师的冤屈就能洗清。"

回到住处,京翰想了一个计策,搞了一担小箩筐将自己装扮成一个游走四方、售卖笔墨纸张的文贩,深入一些名气较大的书院、学馆叫卖。这天游到一所学馆,见馆中只有一个学童,近前一问方知有的同学回家,有的到馆外去散步,留下他一人赶写塾师布置的作文题。"是否要代劳?"京翰征询道。学童微笑地点头同意。京翰审了一下题意,提笔一挥而就。学童表示感谢,然后将文稿重新誊写一遍。塾师归来之后将文稿粗略看了一遍后,大感惊奇,心想此文水平很高,因而追问代笔之人,学童回说是一名卖笔客。塾师当即心中有数：此人非卖笔贩，实是一位借售笔欲有所图的奇人。

于是，塾师招来相见，京翰便将实情相告。塾师为京翰义薄云天的高尚品德所感动，遂帮忙筹划，并要学生中的一些达官子弟暗中搜集，取得了巡抚私自加征赋税的证据。

获得证据之后，京翰行走在街上，忽有一人拉着他的衣襟进入一间店内，半客气半威胁道："学台（窦东皋）之事劝君勿管，巡抚当有酬谢，否则对你没有好处。"来人边说边往京翰身上搜查。京翰灵光一闪，计上心头，忙把来人的手推开，谦和地说道："这事如果早点打招呼，似可商量，证据我已经交给我的老师。是否可和解，待我回去与他商量后再答复你，你看如何？"来人听后也不好强要，只好回去商量对策。

京翰迅速来到河边码头，上船后，将获得的证据交予窦师。窦东皋一方面庆幸得到申冤的确凿证据，洗刷冤屈指日可望，另一方面对京翰的行为十分感动，弟子不惜冒着生命危险挽救自己于危难之中，这份恩德当永世不忘。当晚师生两人同宿舟中，华灯初上，京翰忽问窦师证据藏于何处。窦东皋从船篷壁间取出。京翰似有预料地说："巡抚得不到证据，肯定不死心，今晚一定会有所动作。"于是要窦师将证据藏于靴内。到了三更，果不出京翰所料，巡抚派出的贼人从水底钻出，突入船内，以劫银子为幌子，实则搜寻证据。来人在船内翻查一遍，无获而返。窦东皋庆幸地说："幸亏你料事如神，否则前功尽弃，好险，好险哪！你的才智为师实在敬佩。"

窦东皋到京，呈上申辩状和证据，冤屈得以洗刷。巡抚及其一帮党羽也受到法律的惩处。浙人庆幸吏治腐败有所整肃，赞扬窦东皋的英雄义举，并在书院设禄位牌奉祀。不久，窦东皋升调吏部任职。他每对其僚属和学生道："今后你们倘若见了京翰，便如同亲见我一般。他如遇到什么困难，只要不违法纪，你们都要尽力想办法帮忙。"于是京翰之名在朝臣中广为传颂。

乾隆五十二年（1787），京翰考中进士，分发湖北，先后任枝江、宣恩、汉川、光化四县知事，为官清正廉洁，政绩斐然，深受当地群众称赞。后因年老，致仕返乡，在新泉北村老家过着清贫淡泊的村居生活。

七代秀才一脉承

◎ 杨道晟

在芷溪余庆堂（俗称三大门楼）一处私厅，挂有一副匾联："七代书香征济美，一门家学著渊源。"乍看这副匾联，便知这一杨氏家门接连出了七代"秀才"以上的文人。

经查考，确有此事，并非虚名。余庆堂高祖杨德庵，讳显圣，字人凤，系芷溪杨姓开基祖仕荣公第十一世裔。生于清康熙二十六年（1687），四十五年领邑庠（秀才），五十三年取贡生，卒于乾隆十三年（1748）夏。方志专门介绍杨德庵乐善好施之事迹，地方官员特赐余庆堂"惠济乡闾"匾额。

杨德庵第五子吟庐，讳升亮，号自辉，为第二代秀才。生于雍正六年（1728），乾隆十一年（1746）入邑庠，二十年授例入贡。卒于乾隆三十年（1765），年方38岁。"吟庐"其名乃福州才子邱振芳先生所赠，谓其"撷书带之苾芬，窥石渠之美富，时时陶冶性情，句句旁及音律"。邱振芳先生还亲书"吟庐"斗大二字，并书号序。此匾至今仍悬于公生前所居厅堂。

吟庐次子书蕉，讳登璐，字殿和，号菊田，为第三代秀才。生于乾隆十八年（1753）冬，三十六年入邑庠，四十五年补廪，四十八年拔取优贡第一名，授黄旗官学教习，后任惠安县训导、邵武县教谕，广东河源县知县。卒于嘉庆十三年（1808）。

书蕉次子锦城，讳琦，字素卿，为第四代秀才。生于乾隆三十九年（1774）冬，嘉庆元年（1796）入邑庠，六年补廪。嘉庆二十一年（1816）秋，卒于福州试馆，年方43岁。杨锦城曾作有《八仙诗》《鸦片歌》等，流传闽粤。

锦城第四子炳兴，讳斋，字珍文，为第五代秀才。生于嘉庆十三年（1808）冬。11岁开始，边学裁缝边读书。道光十五年（1835）入邑庠，咸丰六年（1856）冬补廪，光绪四年（1878）考取贡生。同年七月卒，享年71岁。

炳兴第四子惟馨，乳名占中，字桂山，号稷村，为第六代秀才。生于咸丰四年（1854）秋，同治十三年（1874）秋入邑庠第二名，后参加乡试，因文章犯讳，未取。气愤之下改学中医术，在本地、上杭蓝家渡等乡村为人治病，颇有名气。

惟馨独子孝荪，乳名炽声，讳怀祖，为第七代秀才。生于光绪十七年（1891）二月，二十九年以第二名的优异成绩入邑庠，时仅13岁，入县学学习。15岁那年四月丧父，七月祖母去世，袭父职主教种石山房。19岁赴省举贡，后由福州道台、前汀州府尹张星炳推荐，任《劝业报》翻译、校缮，并进修日文及数学。辛亥革命后，历任连城县旧制中学、明耻中学、新县中、连南中学等校国文、数学教员。新中国成立后，多次当选为县人大代表等。1978年病故，享年88岁。

才子邱振芳的故事

◎ 吴有春

邱振芳,字滋九,侯官人,天资聪颖,饱读四书五经,曾考中举人,性格豪爽不羁,人称福州才子。赴京会试不利,失意浪游至江西瑞金及闽西讲学,后受聘于培田南山书院任教,留下不少遗迹与传闻。

一、题联写横批"且试试看"

邱振芳经汀城文人推荐到培田执教,路途一百多里,到达时已夜深,先借住在朋友家中。因一路辛苦,邱先生熟睡到天明还未醒,朋友是位乡贤,知情知礼,做好早餐,静待邱先生起床用饭。这时南山书院校董吴镛来拜见邱先生,但闻先生熟睡呼噜声,只好留字条写明:"南山书院校董会诚聘邱先生掌教书院,请先察看书院,午时为先生接风。"

校董会成员忙备酒席,已近午时,校董率贤达去请邱先生,但见振芳仍坦腹半醒半眠。有人低声议论:"才子如此散漫,不知腹内可有真才?"校董说:"先生一路辛苦,难免贪睡。"之后率众而退。

又过半个时辰,校董与贤达三请邱先生到南山书院赴宴接风。只见邱振芳拟就一联:"抗颜敢诩为时望,便腹何妨尽日眠。"横批是:"且试试看。"他将此联文及横批交给校董,校董是贡生,知道联文中的"抗颜""便腹"含典故,巧妙说明了邱先生的身世与才学;"且试试看"也表明了邱先生答应掌教书院。

邱振芳掌教南山书院后,培田考中秀才者倍增,校董季子拔贡,后有一孙中举,首开培田文科,派为福宁府寿宁县教谕。

二、肉蔗佳肴留才子

邱振芳在南山书院掌教三年后,成绩斐然,誉满四乡。但他不愿久待一地,于是向董事会提出辞呈,校董盛情挽留。

董事会按常例,每逢朔望(初一、十五日)都设宴请邱先生及其同事袁维丰(上杭人,后中进士)、温恭(永定籍,举人)等人。席间,各董事乡贤轮流向各位先生敬酒。邱先生酒兴勃发,聊谈中提及他在江西瑞金任教时,有一种佳肴名叫"肉蔗",既美味不腻又有营养补身,传闻是当地贡品,当年乾隆皇帝也爱吃。

说者无心,听者有意。校董当夜即派人骑马去瑞金(距培田约二百里)购买肉蔗,第三日早晨即请邱先生品尝。先生问校董:"你家厨师也会制作肉蔗?"校董如实告知来历。先生感叹曰:"二夜一日,得二百里之外美味,君何以殷勤至此?"

此为培田人尊师重教的一则佳话,流传至今。乾隆二十八年(1763),校董已达花甲之龄,邱先生在寿辰宴席中赋诗以赞:

人日公云降,如公不愧人。须眉伟可象,城府荡无垠。
采藻方髫卯,燃藜重缙绅。连枝窦氏秀,满树谢阶珍。
奕世弓裘大,承宗冠带新。一经勤课子,九转静生春。
六甲编年始,三阳入律均。愁兹适馆者,何以侑嘉辰?

褒善贬恶　重信守义

"文川望族"牌匾的来历

◎ 罗道佺

文川桥,是连城县城关南门的一座古桥,原桥最早建于宋初,时名"清溪桥"。南宋绍兴八年(1138),县令刘国瑞任内重建时,改名"擢桂桥",后另一县令罗应奇建"清溪阁"于桥畔,之后都被洪水冲毁。元至正年间,县尹马周卿主持重建,改名"文川桥",此后文川桥之名沿用至今。明正统之后至清顺治间,文川桥或兵祸或水灾,屡毁屡建。顺治六年至八年(1649—1651),署令王自成、县令田玉生相继组织修复。

文川桥为石墩伸臂式风雨桥。南北走向,全长56.4米,宽5.9米,高5米,两墩三孔。桥墩用花岗条石砌成,墩上用7层大枕木纵横叠铺,成倒梯形,纵横叠成燕子窝,窝上是4丈多长的杉木联结的桥基面,坚固实用。北面桥头斗拱牌楼,飞檐翘角,雄伟壮观,继承了明代的建筑风格。因该桥位于城区繁华地段,又是南门要道,邑人印象深刻。

顺治年间重修文川桥之举,还有一个流传至今、脍炙人口的动人故事。

某天,身着一件普通长衫、脚穿一双草鞋的太平僚村(在县城东南方,距县城约40公里,现为莒溪镇所辖)商人罗德贵到连城县城赶圩。在南门头街上,有一处人头攒动,声音嘈杂,德贵便上前打听,方得知有志人士在发起修建文川桥,向社会募捐建桥资金。

德贵心想,该桥是连城县的主要通道,建好此桥乃一善举,修桥铺路,功德无量。于是他从人群中挤到募捐主事人前意欲捐款,这时有人打量他的装束,说:"你挤什么?你这山里人还能捐几文钱吗?"然而经商致富却生活俭朴的德贵不与旁人理论,不卑不亢,一言不发,对着募捐主事人伸出食指,在空中横了一横示意"一",接着又在空中竖了一竖,主事人问道:"捐十两银子?"德贵说:"给我在十字上加一撇。"主事人惊讶问道:"一千两?"

德贵默默地点了点头,又接着说:"若仍不足,由我筹足。"在场的人被他这一举动惊呆了,连讥讽他的人也说:"真是人不可貌相。"当日,罗德贵在现场捐助白银足足一千两。

文川桥竣工后,罗德贵的名字和他的善举传遍了整个连城。

太平僚村罗氏村民为纪念罗德贵而新建了罗氏祖祠,并把他的名字和事迹铭刻其中,以表彰其乐善好施的优秀品行。连城知县赵良生和典史孟时可,为表其行、彰其德,以官府的名义特题赠"文川望族"牌匾。赵良生说:"望族并非以裔孙的多少而论,重要的是在于对社会的贡献!"

济困扶危　仁心可鉴

◎ 黄　坚

杨峻亭，字明安，讳钦，系芷溪杨氏十九代裔孙，杨百万杨云岩的长子，第二代杨百万公。

杨峻亭信奉孔子的"君子务本，本立而道生"之说，一生乐善好施。他因做生意侨居福州，每当回芷溪过春节，都要带上年货和钱财，接济家中亲朋，帮助特困的乡亲。

嘉庆十八年（1813），闽西天旱，芷溪灾民多，谷价暴涨。峻亭闻讯后，迅即赶回家中，出资购入大批量的稻谷等，砻为大米，半价粜给贫困灾民，一直卖了一个多月，有效地帮助乡民缓解饥荒，平安度过了灾年。

福州浦西路口有条河，以往去对面走动、办事都要搭船，不少穷人无钱搭渡船，只好泗水过河，时有事故发生。峻亭见状，便出钱请船家摆渡，免费接送过往人员。接着，又带头倡议架造桥梁，方便过往群众。同时出资请工人疏浚西河一带水路，让水运一直抵达西城门，方便众人来往经商、务农务工。

杨峻亭一生仗义疏财，凡有穷人求助，必当出手救援，所捐赠的财物难以计数，仅捐送给贫弱者装殓用的棺木就达数百具之多。

嘉庆二十年（1815），杨峻亭仙逝，家乡及客居地福州的民众皆深切怀念他，颂扬他有士大夫的风范，将流芳百世。

多做善事　与人以德

◎ 黄　坚

芷溪黄翠畴的五个儿子弃农经商，历经时日浸润，黄家也成了芷溪富有之家。光绪十七年（1891），黄翠畴夫人张完招七十一岁，按当地民间风俗，儿孙们肯定要为她做寿，加上家境殷实，长子元镔早就筹划，要大宴宾客。

完招听说后，先是婉言辞谢，孩子们不解，她就坦然道明："凡富裕之家，喜欢借家中某人生日、满月或周岁，大摆筵席，宴请亲朋好友，目的就是想得到别人几句夸耀，感觉自己脸上有光。我历来对此习俗不感兴趣，如果你们兄弟几个一定要表示孝心，可以将准备办寿宴的钱拿出来做一件善事，造福乡梓，这样我还更高兴。"元镔兄弟五人听母所述后，决定听她的，勘定从芷溪到园畲、丰图的张坑溪口缺乏避雨处的场所，在张坑溪右侧筑一砖木结构的路亭，取名"益寿亭"，寓意与人为善，延年益寿。

光阴似箭，转眼张完招年届八十一岁，同样吩咐儿子将为她祝寿的钱拿来行善，在芷溪与相邻的上杭蛟洋镇桃源村的交界处大橑冈架造一座砖木结构的路亭——广印亭，意在让给人们避风挡雨的此亭能广泛印记在山民及过客的印象中。

黄翠畴夫妇善行乡里，长年为乡民排忧解难，平息讼争，德高望重。张完招晚年时，孩子们选址为她夫妇架造一座纪念祠堂。建祠时，一个乡邻时不时前来骚扰滋事，对此元镔五兄弟非常气愤。张完招知悉后，时常开导并告诫儿孙说："一个人如果不是穷途末路，家徒四壁，没有什么可牵挂、眷恋的，是断然不会无故去侵扰他人的。现在来我们家滋事者，无非想索取一些钱财利好，以维持其生存罢了。若与之计较，定会生出大事来，划不来！给他一些，息事宁人，和气生财，大家安好。"

张完招一生与人为善，多行善举，声名远播。

杨葆球与周仰云的深情厚谊

◎ 杨彬芳

杨葆球，生于光绪四年（1878）四月初二日，字润珊，号乐轩，新泉镇杨家坊上土楼人。性情敦厚内向，自幼好学。

光绪三十二年（1906），在科举考试中取得优贡第六名；次年在朝廷考试中御取一等，被派往广东任候补知县。其间，从广东司法研究馆毕业。历任广东省度量衡局及两广方言学校庶务。辛亥革命后，回福建任汀州商捐局局长。1918年，前往永定县担任知事，由于政绩显著而被载入《永定县志》。1921年，担任粤军总司令部参议，被派往台湾考察政治情况；后担任潮州十属烟税局局长及汀龙学校校长，在潮州任职多年，深得当地民众赞许。1944—1945年，任连城县明耻中学、连南中学教员，连城县临时参议员。

民国初年，连城商人周仰云有一次在潮州遇到商务纠纷。杨葆球得知后，出面斡旋，将周仰云担保出来。后来，周仰云在香港等地生意越来越大，成为有名望的大亨。

1947年的一天，杨葆球正在屋里临写颜真卿碑帖。忽闻客人到来，急忙出门迎接，原来是周仰云派来的使者。来客进屋后，对杨葆球说："周先生刚回到老家文亨，特遣我专程邀请先生到周家住些时日，畅叙久别之情。"

杨葆球在周仰云家受到盛情款待。周仰云和家人陪伴杨葆球游连城县城、登冠豸山，与名人吟诗答对。一连数日，出门骑马坐轿，一日三餐四点，半休半游。杨葆球看到周仰云每天除了陪自己游玩，还要处理诸多事务，心里觉得不安。

一天，杨葆球早起洗漱之后，站在阳台上，呼吸着新鲜空气。院中树丛间鸟雀欢唱，阵阵凉风送来扑鼻稻香。遥望文亨平原，金黄稻田出现了东一片西一角的缺口，原来稻子已经收割了不少。算来已住了六天，该回家去了。

想起与周仰云的相识到相知，杨葆球随后吟了七律二首：

其一

劳劳名利误时光，叹息浮云梦一场。
过去春秋虚七十，看来得失实平常。
滥竽教席新知少，橐笔生涯旧学荒。
回忆悬弧刚首夏，残年漫道日初长。

其二

少年报国在文章，驰驱曾经宦味尝。
两渡珠江显愿望，一权晏水愧循良。
铜山奇石观风动，台岛寒梅吊古香。
往事追维增感慨，闻来倦鸟懒飞翔。

　　用人送来早点，他用后便将诗句录藏怀中。

　　早饭过后，杨葆球向周仰云提出要回家。周仰云笑着说："难得老师来到，才歇了几天，哪能就回去呢？我还有许多东西要劳您代写，慢慢来。"他和周仰云再三商量后，决定再逗留三天。周仰云只请他每天写字一个小时，其余时间由家人陪同娱乐。其实，这只是周仰云挽留他的借口罢了，使他在这里能过得安心。

　　三天过后，刚好是朋口圩，早饭后周仰云安排好轿子，派人送杨葆球到朋口，让他再从朋口坐船回杨家坊。临行前，周仰云赠送了不少礼品给他，俩人依依惜别。

　　1954年，杨葆球在杨家坊逝世，享年77岁。

楼梯岭

◎ 吴德祥

迪坑村的云霄岩陡峭险峻，这里有一条从迪坑村通往连城的路，其中有一段路因看上去像楼梯一样陡峭，当地人称"楼梯岭"，也称"孤婆岭"。关于这段路，还流传着一个感人的故事。

相传，古时候迪坑村有位妇女，年轻时出嫁不久丈夫就去世了，而此时公公婆婆又已年老，她便决定不再外嫁，选择留在夫家，为二老养老送终。到了二老离世，她自己年龄也大了，不好再嫁人，后来成了孤老太婆。她一生勤劳善良，积攒了一笔钱财，心想："自己留在世上的时间也不多了，留下的这笔钱做什么用才更有价值呢？"其时，迪坑村到连城有一条官道，但因为要绕过云霄岩，弯来绕去的，路途非常远，而如果能打通楼梯岭这条险道，路途就可以减少一半多，给来往连城和迪坑之间的行人带来很大的方便。老人于是决定把这笔钱拿来开通迪坑到连城经过云霄岩的道路。

说干就干，老人请来了工匠，给楼梯岭开凿岩道阶梯，填坑砌路。一开始，请来的工匠都不知道这个孤老太婆到底有多少钱，担心老人拿不出钱给他们发工钱，但又不好去问，因此都偷懒怠工。老人看在眼里，知道他们心里想什么，如果不先让他们知道她有足够的钱付工钱，这样磨洋工下去，恐怕到她死了，工程也完不了。

这天收工回家，老人供他们吃完晚饭后，把工匠们召集到一起，对他们说："各位师傅，我请你们来修路，不是为了我自己的利益。我一个老太婆，活的时间也不可能太长，恐怕这条路修完，我一趟也走不了。我是为了使迪坑到连城有一条更便捷的路，方便来往的行人。虽然是为了大家的利益，但是，我请你们来，绝不会让你们白干，你们不管干多久，我都会付给你们工钱。如果钱不够，你们可以不干！"说着，老人拿出一生的积蓄，放在桌上，说:"大家看看，这些钱够不够修完这条路？如果不够，我还有薄田祖屋，可以再卖钱付资。"工匠们一看满桌的银子钱币，修完全部工程绰绰有余，于是全都羞愧不已，不好意思地对老人说:"够，够，足够了！"

从此以后，工匠们都非常卖力地干活。很快，这条迪坑通往连城的道路就修通了。为了纪念这位慈善的孤老太婆，这条路便也叫"孤婆岭"。

铜甪端的故事

◎ 吴德祥

四堡雾阁村,有一邹姓家族收藏有一尊重达4公斤重的铜甪端麒麟。据说,如果把点燃的线香塞进甪端底座的小抽屉内,甪端的颔下胡须就会流出水滴,其中的奥秘至今无人知晓。关于这铜甪端,还有一段离奇曲折的故事,在当地传为美谈。

相传,收藏铜甪端的邹氏家族上祖邹希孟(1578—1643),一生从事雕版印书和售书业。有一年年终的傍晚,他正在藏版房中整理雕版,忽听得版架后有窸窸窣窣的声音,便点亮烛火一照,发现是一个陌生人。品性善良的邹希孟虽然以为是贼,但没有大呼小叫惊动家人,而是把那人叫出来,和气地问他来由。原来,那人是上杭县人氏,姓张名田生,常年外出做生意,平素好赌。这次是因接近年关了,从外地回家,途经四堡时遇到有人聚赌,便忍不住去参与,不想却输了个精光。时天色已晚,他无钱住店,又天寒地冻,忽见有一家印书坊未关门,便偷偷溜进去,想在此避宿一夜,不想却被邹希孟发现了。

平生乐善好施的邹希孟听了他的述说,吩咐家人安排酒饭招待,留宿一夜。第二天吃过早饭后,邹希孟对张田生说:"我看你不像个坏人,不管你说的是真是假,只要能改过从善就是好人。我这里有一身衣服和二两银子,你拿去作为回家的盘缠和过年的费用,以后不要再赌了,多赚点钱养家糊口才是正道。你去吧。"说完,吩咐家人拿出衣物和银子,包装打点后递给张田生。张田生感动得两眼泪水四溢,扑通跪地,不住地向邹希孟叩头谢恩。

时间过得真快,转眼又到年关了。邹希孟早把去年那事给忘了。年底的一天清晨,刺骨的北风卷着鹅毛大雪纷纷扬扬地下,天地间一片白茫茫的。邹希孟的家人打开大门,想去抱些柴草做早饭,猛见门口侧旁的柴草堆中有一人衣衫褴褛蜷缩一团，冻得全身发抖，便忙唤来邹希孟。邹希孟走到近前，那人一见，慌忙滚下柴草，往地上一跪，并不住地叩头。邹希孟一看，觉得这人很面熟，便问是何人。那人哆嗦着嘴唇说："我是去年年底蒙受恩公资助回乡的张田生啊！"邹希孟忙扶起那人，把他引入家中，叫家人火炭侍候，并吩咐烧水取衣，待张田生洗换完毕，又备酒菜招待，这才问起原委。

原来，自去年张田生回家后，一家人欢天喜地过了个好年。年初，张田生又外出做生意，到了年底，好不容易赚了些钱，赶回上杭家乡过年，途经宁化时却不幸遇到了土匪，被洗劫一空，连身上的新衣也被扒去了。张田生一路又冻又饿，边讨饭边走路，两天后才到四堡，心想去年在此遇到贵人相助，如今又落难到此，何不厚着脸皮再去一求，或许能再得助。到了邹希孟家门口，见大门紧闭，想敲门又不好意思，时值深夜，天上下起了鹅毛大雪。他左右看了看，见大门左侧有一堆柴草，心想不妨在此宿上一夜，谅不至于冻死。

邹希孟听了原因，不胜唏嘘，便吩咐家人："速速拿出三两银子和两身新衣。"并对张田生说："你能在落难时想到我，足见你信得过我。我这里再给你三两银子，你回家后再去发展，相信你会有前途的。"说着亲自把张田生送上村口。

光阴似箭，一晃又是几年了。张田生用邹希孟的赠银做生意终于发了家，家中不仅衣食宽裕，还买田置房，又请了六个挑夫专门为其挑担，来往于闽赣之间，生意越做越大。

再说江西于都的一座大山中，出没着一股专门劫富济贫、势力颇大的山贼。那年，山大王在一次行动中身中毒箭，伤重不治，临终前，手下的喽啰问："大王仙逝后，由谁来掌持山寨呢？"首领说："我死后，你们到山下路口等候，若见一过路者手持黄旗，那便是山寨之主。"说完逝去。

首领去世后，手下喽啰便天天到山下路边等待手执黄旗者，等了数日均未遇着。这日，张田生带着六个挑夫，担着银两、货物恰巧经过这里。其时刚刚雨住，张田生把身上披的黄色桐油纸衣（古时的防湿雨衣）脱下挂在扁担上，扛在肩上在前边领队前行。喽啰们一见，欢天喜地一拥而上，不管三七二十一便拥着张田生一伙向山上去。到了山寨中，喽啰们把他往寨主位上一按，齐齐下跪向张田生唤道"大王"。从此，张田生便当起了这里的山大王，统领近千名喽啰，一时威风凛凛。

邹希孟因年老体弱，家口众多，便将印书、售书业分给他的十个儿子各自立业。一天邹士衡领着十余人的卖书队伍经过宁都地界，恰被张田生的喽啰们抓上山去。张田生问邹士衡是何方人氏，士衡答曰闽汀四堡。张田生一怔，急问："你可认识雾阁的邹希孟老先生？"士衡答："正是家父。"张田生忙不迭地把邹士衡扶起，扑地跪下道："恩公在上，小弟有眼不识泰山，请受小弟三拜！"说完不住叩头，把邹士衡拜得大雾里看天——全糊了。后来张田生道出原委，邹士衡才明白所以然。

张田生怕喽啰们拿了邹士衡的东西，便问士衡所挑何物，是多少银钱，士衡随口答道："共十三挑，一挑是纹银三百两。"张田生亲自验看，发现只有一挑是三百两纹银，其余尽是其他物品。他一想，不管三七二十一，没有恩公就没有今日，便下令把银库中的银两拿出来，把每担都装入三百两纹银。

邹士衡在山寨一住就是两个月。有一个挑夫之前逃回四堡，对邹希孟说："少主人被匪劫了，生死不明。"邹希孟闻听如雷轰顶，全家立刻号啕痛哭。一等两月未归，心想邹士衡必死无疑了，家人便为他举办丧事。

且说邹士衡在山寨住了两月后，因思念家人，便执意要走。张田生见挽留不住，就拿出三件镇山之宝送与士衡：一是宝剑，削铁如泥；二是铜锣，一敲声震数十里，且日内余音在耳；三是铜甪端。同时，命数十个喽啰相送，以防路上遭劫。邹士衡回到家一看，家中正在为他做功德法事呢。士衡平安回家，举家欢喜异常。而三件宝物后来又传给了士衡的三个儿子——大亨、大庸、大猷，后因年代久远，大庸和大猷的宝剑、铜锣均失传，唯大亨的铜甪端留传了下来。

（讲述人：邹恒彦）

行善得贵子

◎ 张汝荦

新泉张姓有一裔孙叫占发，已年逾不惑，尚无家室，其母常常为这事忧愁不安。

占发为人谦谨忠厚，乐善好施。凡地方上的公益事业，如修桥、铺路、建凉亭等，虽然家中经济并不宽裕，但总要想办法捐助一些，对穷苦急难者更是慷慨相济。一次，他带了五十个铜币到街上买米，碰上一位熟人，向他募捐架一座石拱桥。他二话没说，将身上的五十个铜币全捐上。中午回到家，母亲问他米在哪里，他只好将实情相告。而中午这一餐，母子两人只煮了一片南瓜充饥。

新泉张田至官庄，有一段悬崖上的石砌路叫车马石，枫坑头至下罗地中间有一段山壁凿成的路段叫石圳背，这两处路段是汀州府、连城县通往上杭、龙岩、漳州的必经要道。但崎岖陡峭，乱石穿空，下临深渊，水流湍急，行人经过时都提心吊胆。见此，占发用平日节俭积攒下的钱购买了石灰、石头，雇人分别在这两个危险路段临溪一面，砌了六十多米长、二尺多高的防护堤。

占发四十二岁这一年的腊月二十七，也是新泉一年中最后一个圩天。早饭后，他提着竹篮到街上准备买些过年用品。在双渡桥头，碰上一位算命先生执意要为他看相，占发只好停下让其卜算。先生边看边掐算，对占发说："你印堂红润，瑞气内蕴，年内将有喜事来临。"占发听了感到好笑："先生，今天是年二十七，离过年只有几天了，这喜从何来？即使有，也来不及办呀！"先生肯定地说："我的神算不会错，你只管去办事，今天看相不收你的钱。等应验了，再来谢我！"占发听了，将信将疑。

除夕清晨，天下着绵绵细雨，寒气袭人。勤劳惯了的占发，提了粪箕，背上蓑衣，头戴斗笠，来到张田三背圩捡牛猪粪。恰在这时，从通往官庄方向的石砌路上来了一个头戴一顶半旧斗笠,肩上背一抽口布袋的女人。占发向前一看,女人年龄在二十五六岁,身上穿一件打着补丁且褪了色的乌布棉袄,黄色的脸庞虽经早晨的寒风吹拂,仍透出一些红润,背上已被细雨淋湿。占发放下粪箕,关切地问道:"老妹子,这般早,从哪里来?"

少妇羞涩地答:"芷溪。"

"要去什么地方?"占发问道。

"岗上。"

"这样的天气,又没雨伞,到岗上有整百里路,怎么到得了家?"占发又关心地问道。

少妇回说:"冒些雨,到傍晚准能到。"

占发好心地说:"我家离这儿不远,不如随我去歇歇,烤烤火,暖一暖身子,给你一把油纸伞,再走路,你看如何?"

少妇见这个捡粪人勤劳忠厚、诚恳谦和,并无恶意,于是就跟随他一起到家。原来这个少妇姓吴,文亨龙岗人。年轻时丧夫,遭婆婆虐待。经亲人介绍,来到芷溪一富户家帮工。除夕之日,东家不愿留她沾食,将其辞归。

占发的母亲见儿子带了一个女人回家,赶快招呼,嘘寒问暖。见她身上淋湿,忙到厨房生火煮姜汤,吴氏也跟去帮忙烧火。占发赶紧到街上买些菜肴。灶内烈火熊熊,锅里热气蒸腾,厨房内一老一少细细攀谈。也许是上天预定好的姻缘,最后吴氏竟答应嫁与占发为妻。除夕之日,百无禁忌,当晚合卺,成就了百年之好。

婚后,夫妻恩爱,辛勤耕作,日子越来越美满。更可喜的是,翌年冬吴氏便产一麟儿。小儿长大后,弃儒从商,财运亨通。经过多年的拼搏,拥有七八家商铺和一家银庄,成为地方上的首富,建了一座富丽堂皇、具有客家建筑风格的"九厅十八井"。村民都说,这是积德行善之报。

诚实待人　一身正气

◎ 黄　坚

　　清朝时，芷溪有个黄就而，为帮衬父母养口持家，十五六岁就担起箩筐到上杭官庄的林下车一带售卖黄烟丝。

　　一日圩天，有一年轻人匆匆前来买烟丝，抓了一把送到鼻端闻了闻，连声说"好烟，好烟"，便买了两包离去，圩天人多，走了就消失了。黄就而转眼发现箩筐旁有一个布袋，拿起的瞬间感觉沉甸甸的，打开一看，全是白花花的花边（银圆）。他心中一惊，思忖道："钱虽然好买食，能用来办许多事情，但是生财有道，不是自己辛苦挣来的钱绝不能要。再说，此钱若是百万富翁丢了算不得大事，若是用人、学徒或雇员代主人收送钱物，丢了可能就要出大事，甚至出人命。"于是把钱袋妥善放入箩筐内，等待失主回寻。

　　果然，没过多久，原先来买烟丝的年轻人急匆匆地跑回来，开口便问："小哥，刚才我买烟丝时，有一布袋放在你箩筐旁，你可曾见到？"黄就而爽快地说："布袋是有一只，里面装的是什么物件呢？"年轻人说："我家老板叫我出来收账，里面全是花边，不知小哥有没有捡起来？"黄就而见年轻人急得满头大汗，说话都哆嗦，便对他说："你别紧张，东西全在这呢。"说完从箩筐里拿出布袋交到他的手里。年轻人见布袋失而复得，打开看了看，拨了拨，知道花边分毫不少，于是随手抓起一把，万分感激地说："难得小哥这般好心，这几块花边就算我请你买壶酒喝，一定要收下。"黄就而抱拳婉言谢绝："好兄弟，如果我要这钱，早就动身离开，干吗还在此地等候啊？你不必挂怀，赶紧回去复命要紧！"年轻人感动得热泪盈眶，连续说了几句感激之言后，便匆匆忙忙赶路回去。

　　黄就而一生崇德守信，不谋私利，不贪不义之财，生意做得红红火火，到老顺遂有福。

信守善心　千金复来

◎ 黄　坚

　　出生于明万历年间的黄华岳，天资聪颖，勤奋好学，不愿入仕，经商为业，一生严守家风，乐善好施，诚信待人，成为一方巨贾。

　　有一年五月，黄华岳决定去漳州进货，带有千元银钱前往。未料，这年漳州遇到天灾，且五月又值青黄不接，城内外饥民遍地，惨不忍睹。善良的黄华岳见此惨状，十分同情灾民，便把所带的进货款全部捐赠给饥民。同年秋天，黄华岳再次带着千元银钱前往漳州，未料漳州又发生瘟疫，到处都有亡人发丧，悲惨至极。黄华岳心慈，遇到讨钱买药买棺椁的人都慷慨解囊，没几天就又把本金全都送走了。

　　次年春天，黄华岳闻得漳州瘟疫已过，社会安定，于是再次萌生到漳州进货的念头。他求父亲支持，父亲未表态，转而寻求叔父支持。叔父赞许其为人和才干，力主支持，父亲这才应允，积极协助筹资。黄华岳此次资金比前两次加倍，万分高兴，择得吉日前往漳州。而经历过天灾、瘟疫之害，受到过黄华岳施舍的人们，听到华岳再到漳州的消息，心怀感激，互为转告，纷纷来找华岳面谢。黄华岳对来者总是谦逊有礼地说："区区小事，不必挂齿。各位若看得起我，以后就当是朋友吧。"

　　报恩者感念其信誉和德行，倾力帮助黄华岳找到充足的货源，而且黄华岳得到不少的无息借贷，当地商人还许其赊欠。黄华岳购得大宗商品并顺利发回家乡，赚得了丰厚利润。尔后又赶赴漳州，还人借贷，付回赊欠，分毫不差。一来二去，年载多了，黄华岳以诚信待人接物，自然生意顺畅，日积月累，也就富甲一方了。

诚信善良的"金寿公"一家

◎ 张桂生

新泉北村山背堰贫困农民家庭出身的张镇春，人称"金寿公"，由于奋发图强、勤劳善良，成了新泉屈指可数的大富翁，在潮州拥有火船（轮船）、铁路（窄轨铁路）、票号（银行）、电灯、木材等七大公司，而且商号遍布广州、潮州等地。

一、信誉好，伸手也发财

张镇春发达后，从不忘记勤俭持家的本色，不仅请人耕种家里几十亩地，自己还常常下地犁田插秧。族人们常常调侃张镇春："百万公，那么有钱还用得着自己耕地啊？"张镇春不恼也不怒，心平气和道："耕田是庄稼人的本色，不能忘本啊！"

有一天，一个身着长衫、腋下夹着一把雨伞的商人，找到张镇春犁田的地方。此人是邻乡一位木材商人，特地赶到新泉，想和张镇春合伙做木材生意。这时正是乍暖还寒之时，张镇春穿着厚厚的衣服和蓑衣，一边犁田，一边和来人说话。来人说："我想和你合伙做生意，你要几成？"张镇春说："不要！"来人戴着冬天的帽子听不清楚，说："你再说一遍。"张镇春一边"嗨，嗨"地催赶牛犁田，一边伸出一只手摆了摆，意思是不要，那商人却以为张镇春要五成。商人想了想，一狠心，脱口而出："好，五成就五成吧！"说完后，他便兴冲冲地走了。

时隔将近一年，春节临近，这个商人穿着长袍马褂，跨进张镇春"九厅十八井"的家里，身后的差人挑着两个精致的皮箱放在客厅的八仙桌上。商人满脸笑容地打开皮箱，推到热情接待他的张镇春面前，说道："金寿公，这是我们合伙做生意挣的钱，您的五成，收下吧。"金寿公丈二和尚摸不着头脑，问："这是哪跟哪？"商人道："今年春天，您在犁田，我问您要几成，您伸出手，不是说好五成的吗？"金寿公恍然大悟，又一次伸出一只手摆了摆，且说："不要，不要。"

二、善良避家祸

某一年大年三十，张镇春一家刚刚吃过年夜饭，一家老小在家中闲谈。此时，一个衣衫褴褛的八十多岁的老妇人弓着背，拄着拐杖，颤颤巍巍地叩响张镇春家的门环，问道："有人吗？"敲了许久，有一个丫鬟模样的人出来开门，一见如此来客，不悦道："这么晚了，你找谁呀？"老妇人说："我要找金寿公。"丫鬟不敢自作主张，说："老婆婆，你等一等，我去告诉一下金寿公。"

不一会，出来一个穿金戴银、一身绫罗绸缎的太太，她是金寿公的夫人莲婶。莲婶并不认识眼前这个老妇人，但猜到了老妇人的来意。莲婶心地善良是出了名的，她拉着老妇人的手，说："老婶子，这么大的风，来来来，家里坐。"老妇人进入金寿公的家里，被安顿在餐桌边坐下。莲婶吩咐下人端来过年吃的东西，在一旁不停地夹菜到老妇人的碗里，一个劲地劝吃，俨然是一副对待亲戚的样子。老妇人从来没有吃过这么好的菜肴，也没有人对她这么热情过，便大吃大喝起来，实在撑不下了才放下筷子。

莲婶叫下人挑来一担谷子，上面放上年糕、花生、糖果等好吃的年货，还把一大摞银圆塞进担子里面，吩咐仆人挑着担子送老妇人回家。老妇人眼含泪水向莲婶鞠了三个躬，颤颤巍巍地出了门。莲婶目送她出了家门，见她没走多远，便将一包东西塞入路边的柴火堆。莲婶看得真切，等老妇人走远后，过去取出那包东西带回家，在灯光下打开一看，顿时傻了眼，原来纸包里头全是断肠草，要不是今天客气地对待老妇人，很可能会遭到飞来横祸！

原来，这个老妇人住在河对面的陂坑口，丈夫早逝，家里一贫如洗，养了五个儿子。但儿子们好吃懒做，生活难以维系，更讨不起老婆，个个都是光棍，最小的也有三十来岁。他们竟然商议叫八十多岁的老母亲大年三十去金寿公家里吞服断肠草自杀，然后狠狠地敲诈一笔，五兄弟才有钱结婚。开始，老妇人也认为这个主意不错，反正自己活得生不如死，不如成全儿子们的心愿。没想到，金寿公一家如此仁义，于是她放弃自杀，丢掉了断肠草。

仆人送老妇人回到家里，五个儿子看到母亲活着回来，满怀的希望破灭了，有气无处出，扛起装谷子的担子往地上一摔，谷子撒了一地，藏在谷子里的银圆到处乱滚，五兄弟顿时傻了眼。老妇人当着金寿公仆人的面，抢起拐杖在每个儿子的身上狠狠地打了几下，说道："都是你们出的馊主意，看看吧，人家是怎么样对待我们的！"五兄弟面面相觑，羞愧不已。

通过这件事，五兄弟幡然悔悟，奋发图强，几年之后陆续成家立业。

飞龙社诞生记

◎ 黄茂藩

红龙缠柱，是芷溪的一种独特文艺表演活动，集武术健身、文艺表演于一身，深受民众喜爱。芷溪红龙缠柱历史悠久，最早从事这个表演的团队叫飞龙社。

乾隆年间，有一股一百多人的流寇霸占仙高崇白云寺，杀死住持，胁迫沙弥，自己改头换面，乔装为和尚。白云寺本来香火极盛，善男信女不明真相，仍络绎不绝前往烧香拜佛。寺里暗藏机关，凡是年轻貌美的女子往往被诱骗或误陷密室，不可再出，受威逼供其淫乐。刚烈不从者，都被沉尸灭迹。这些恶僧无恶不作，脱下袈裟，黑巾裹头，只露两眼，便四处抢劫偷盗，惹得三村八隘鸡犬不宁，百姓心惊肉跳。一年以后，这些恶僧的劣迹渐渐败露。百姓告至官府，官府前去搜查却无果，可见其既凶恶又狡猾。

这些恶僧中不乏有武功、绝技者，其中以假方丈和"四大金刚"最厉害。仙高崇山场属芷溪，白云寺亦芷溪人创建。芷溪素称"千烟之家"，人口最多，其中不乏血气方刚有正义感的仁人志士。有一天，这些人就在芷溪漆树下花屋里的崇本堂开会，参加的有崇本堂十四世黄位松、黄位栋等兄弟四人，还有隔壁屋的族亲太阳生、流民头、乡亲杨彪，以及庙前村、良坑村、车头村、新泉村、丰图村各村代表，共二十余人。他们决定选出十名有武功基础的精壮汉子前往泉州南少林深造，学成后再寻机剿灭这股恶匪。这十人不负众望，一年后学成，个个武功超群，并带回舞龙技艺。

当年大年三十，这些精壮汉子组织起一个二十四人的舞龙队，持各种兵器，敲锣打鼓前往仙高崇白云寺拜年。他们暗中分成两队人马，一队入寺舞龙，一队埋伏在寺外路旁密林处。恶僧有所防备，入寺三道门，入一道关一道。舞龙队入内殿表演红龙缠柱，锣鼓喧闹，龙腾虎跃，精彩迭起。恶僧不知是计，喝彩不绝。快结束时，本应发红包酬谢，假方丈却指着一丈多高的房梁说："你们自己取。"只见上面用红绳系着一块大元宝。舞龙者互相使眼色，擎龙头的杨彪后撤几步，蹭地一下，腾空而起，摘得元宝，落地，一拧身，舞龙者都蹿到天井又飞上围墙屋面，落定，便开始斥责这些恶僧的斑斑劣迹。恶僧才知道来者不善，纷纷抓起兵器追出来，瞬间追出山门几十米外，受到舞龙者和埋伏者的前后夹击。假方丈和"四大金刚"猝不及防，当场毙命。恶僧死伤二十多个，其他纷纷作鸟兽散。舞龙队回到寺里，找到了密室，解救了二十多个妇女。

返回芷溪崇本堂庆功时，有人提议要给舞龙队取个好名字。于是大家议定叫"飞龙社"，地点就设在崇本堂。此后，芷溪春节出龙灯或舞红龙缠柱，无论是哪个姓氏，第一站都要先到崇本堂拜年，以纪念飞龙社两百多年前除暴安良的义举。

朱寮满智斗知县

◎ 李贞刚

庙前镇水北村有一个人名叫朱寮满,是一个出名的郎中,此人不修边幅,为人正直,好打抱不平。

一天,知县带了一班衙役,来到芷溪村"安民庵"办案。芷溪村财主杨百万不敢怠慢,领着不满十八岁的爱女前往迎接。杨百万的女儿长得眉清目秀,十分可爱。知县暗想:"此女定是杨百万的'心肝'。"心中正琢磨如何从杨百万身上捞点油水,忽见小女子衣角下稍露红装,心中好不高兴,便故作姿态地问杨百万:"这女子犯了罪,你可知晓?"杨百万听后如晴空霹雳一般,忙道:"小女年幼无知,不知身犯何罪?请大人明示!"知县喝道:"国太仙逝,全国举哀,小女子胆敢穿红着绿,犯了死罪!"即令衙役将小女子带回县衙,送进牢房。

爱女被抓,还说是犯死罪,吓得杨百万不知所措,竟一病卧床不起。朱寮满得知此事,趁给杨百万治病之机,主动提出有解救的办法,但要依他两个条件:一是立一字据,要其小女认他为父;二是官司赢后,把省下的送官的赎钱的一半作为酬金。杨百万救女心切,满口答应。

朱寮满来到县衙,击鼓喊冤。知县升堂,向跪在堂前的朱寮满喝道:"你是何人,因何击鼓?"朱寮满抬头,理直气壮地答道:"小人是杨百万女儿的义父。小女年幼无知,不知天命,犯了天条,不过红衣是内着贴身里衫,请大人明察,望大人开恩!""大胆,外面穿里面穿都是一样的!"知县脱口而出,继又婉言,"小女子本犯死罪,姑念你这义父前来求情,本官不向上呈报罢了,但需花点银子上下打点。这个吗,至少也得五千两银子。"朱寮满听后微微一笑,心想:"这狗官好大胃口,我要叫你威风扫地,一文也捞不到。"说时迟,那时快,朱寮满霍地站起,一个箭步向前,趁其不备,猛地摘下知县头戴的花翎，并把它翻过来，冲着知县大声斥责："一个山村小女子，在里面穿了件贴身红内衣便犯死罪。你这知县大人，身为朝廷命官，乌纱帽里边竟也是绯红的红缎衬里，该当何罪？"知县顿时瞠目结舌，无言以对，吓得汗流浃背，只得把小女子释放，由朱寮满带回家去。

杨百万看到爱女回来，不药而愈，几天后亲领爱女，并叫上几个家人挑了二千五百两银子送给朱寮满。朱寮满分文未取，笑着对杨百万的女儿说："这银子就算是我这义父送给义女的见面礼吧！"

机智孩童巧斗郭把总

◎ 罗永杰

清朝年间,新泉儒畲有一孩童,名叫罗智道。他从小聪明伶俐,思维敏捷,胆识过人,大家都叫他"罗知道",平时乡邻有什么难处,都喜欢找他出主意。他八岁那年,郭把总外出巡视,在儒畲上演了一场官司。

某日,在连城通往龙岩的官道上,儒畲村几个村民正抬着沉重的杉木,原来他们在为家中大伯建房准备木料。忽然,听到远处传来急促的马蹄声,他们马上靠到山坡处撑好木料,刚好歇脚。

"闪开!闪开!"只听得后面传来一阵大叫声,村民扭头一看,只见一官差高举着马鞭急促驶来。村民尚未反应过来,马鞭已落在木料上,几下过去,其中一人因手扶着木料挨了一鞭,手臂流了血,现出一条粗大的血印。村民满怀愤怒,忍着疼痛,抬着木料往家走。回到家中,他们还在忿忿不平地谈论着刚才所受的委屈。这时,从门外走进一个来串门的青年,听到大家的交谈,就问:"刚才老屋桅杆上拴着一匹大马,莫不是那人的?那人已往族长叔公家去了。我去叫智道来,问问他有什么办法。"

不一会儿,这个青年带着一个孩童进来,他就是罗智道。大家你一言我一语地把路上发生的事告诉了他。之后,大家一起来到老屋门前,果见桅杆上拴着一匹大马,经辨认,正是刚才在路上看到的那匹马。智道说:"桅杆乃我们老屋神圣之物,马拴在那里,就是玷污了我们的祖宗,你们悄悄地把它拉出去杀了。"几个愣头青果真把马拉到村子背后一个叫马栏坑的山里,把这匹马杀了。

时过晌午,官差交代完今年的赋税、治安等事情,从族长家出来,准备到下一站巡视时,发现马不在了。他到处寻找,族长也让村民帮忙寻找,但都未找到。后有一人说,可能被智道等几人牵到马栏坑去了。待族长和官差等人赶到，马已经变成一坨一坨的肉了。"你们谁这么大的胆，竟敢把郭把总的马杀了，是不要命了，还是想毁掉我们村啊？"族长气得全身发抖地说。这时，只见郭把总气得脸色发紫，青筋暴涨，手按佩刀，强忍怒火，嘴里蹦出"你们等着"几个字，就扭头走了。

族长一直责骂杀马的那几个青年，连郭把总什么时候走了都没注意到，待发现后更是六神无主。这时参与杀马的青年也害怕起来，惹上大事了，该怎么办？族长把这些人叫回到老屋追究责任。大家便把谁被打，后来智道提出杀马和谁去杀马，整个过程一五一十地说了一遍。

"智道是个孩子，他说什么你们就听他的啊？"族长怒道，"这可如何是好？"其余村民也吓得沉闷不语，不知计将安出。正在大家苦恼无策时，只听智道说："不用怕。郭把总先打人，又'纵马糟蹋庄稼'，官司我们一定能赢。大家不是有牛吗？你们去牵几头牛赶到路边的田里，让它去吃禾苗，大家不要可惜禾苗，要被吃得很严重才好，因为这是'马'吃的。"顿时，大家明白了智道的意思，几个人忙着去赶牛，族长也安心了许多。

郭把总看到马被杀后，又气又急，一路小跑往回赶，直到掌灯时分才回到县城，立即向县官汇报说马无缘无故被杀，并添油加醋地说儒畲人怎样刁难他。县官听完也很气愤，马上吩咐手下，今晚做好准备，明日天一亮就去儒畲。

第二天上午，县官一行到了儒畲村，马上叫人找来昨日杀马的那些人，要进行拘押审讯。这时又见智道从人缝中挤出，问县官："怎么不问青红皂白就拘人？"县官说："你一小孩凑什么热闹？他们无故杀马，就是与县衙作对，也就是与朝廷作对，你们想造反吗？"

智道说："见过老爷。俗话说，有理走遍天下，无理寸步难行。甘罗十二封上卿，我虽不才，但是道理还是懂得一些的。是郭把总先打人的！"并讲了郭把总昨天打人的过程，还叫来被打的人进行伤口查验。

郭把总说："那是他干活在山上摔伤的。"智道说："摔伤的伤口应是整片的，鞭伤的伤口是成条的，请县老爷明鉴。""误打一鞭也不能杀马啊！"县老爷道。

这时，只见智道不急不慢地说："郭把总仗着县老爷您的威名仗势欺人，先打人，又纵马糟蹋庄稼。您知道，庄稼可是我们村民的命根子啊。虽然马是官府的，但也没有哪条律令规定官府的马可以随意糟蹋庄稼啊。如果您不信，可以到现场查看！"

郭把总边走心里边打鼓："不会吧，昨天那马分明拴得好好的，怎会跑出去呢？"县官心想："两人说法不一，肯定有问题。郭把总虽然粗鲁些，平日也忠于职守，昨日怎会失职呢？"到了田边，只见田里一片狼藉，被踩踏和吃过的禾苗不成样子，县官见了也很生气。智道问道："县老爷，请您看看，田里的这些禾苗被郭把总的马弄成这样。我们杀马，还是无缘无故吗？"村民也叽叽喳喳地在一旁议论。郭把总这时心里也不敢肯定马是否拴好了，故而一言不发。

回到拴马的老屋，郭把总刚想辩解，只听智道抢先一步说："当官的就是厉害，真是树大根深，'吸瘦'万民啊！""什么？你说我们当官的都'吸瘦'万民？"县官阴着脸问。智道说："我说的是郭把总，县老爷您是大树荣荣，遮蔽万民。"县官听后转怒为喜。

这时郭把总气得满脸通红，又无力辩解。县官心想："这村连一个小孩都这么厉害，要谨慎处理。"思忖一会后，县官判道："村民杀官马，属蔑视官府，本应重责；但事出有因，不予追究，损坏的庄稼，自行补救。郭把总看管马匹不严，罚俸一年，以警示后人。"

大家听后无异议，此事就此平息，小村又恢复了往日的平静。

柴刀痕与斧头口

◎ 杨彬芳

清朝末年，连城闹大旱，土地龟裂，田禾无收，百姓喝水像喝油。某村一财主对佃户的租谷一粒也不肯少，迫使百姓流离失所，靠野菜充饥，而自己却囤积了整禾仓的稻谷。

这年腊月的一天傍晚，村里有个名叫张肃舒的人坐在门口的石凳上唉声叹气，眼看年关又到，晚上还没米下锅。突然他心生一计，自言自语地说："对，就这么办。"

第二天，天还没亮，他就带着一把柴刀，藏着一把斧头，来到财主的风水山上，用斧头几下功夫就把一棵大树砍倒；然后，把斧头藏了起来，用柴刀背在树上用力砍树枝。财主听到有人偷砍树，连忙吩咐家丁上山抓人。家丁很快就把肃舒连同柴刀一起抓来。肃舒的父亲知道了，旋即赶到财主家求饶，说尽好话还是不起作用，财主坚决要把肃舒送交官府治罪。

大堂上，人证物证俱在，财主得意扬扬，认为肃舒一定会被惩治。随着惊堂木板啪的一声，县官便问："你姓甚名谁？为什么要砍人家后山的风水树，快快从实招来！"肃舒抬起头，挺了挺胸脯说："县太爷，冤枉啊！我根本没砍他的风水树，我是路过被他抓来的，请县太爷明鉴，为我作主。"县太爷恼怒地说："作案的罪证柴刀在这里，你还想抵赖！"肃舒说："我拿柴刀是想去劈树枝，我的刀不利，根本砍不断树，不信请县太爷派人到山上查看，树肯定不是我的刀砍的。"县太爷一想认为也对，随即宣布退堂，并差人前往山上察看。

几天后，差人回来禀报说："树是斧头口，可以肯定不是用柴刀砍的。"县太爷一听，果然是冤枉了这个穷后生。财主也怀疑自己的家丁抓错了人，于是请求肃舒私了为好。这时肃舒气愤地说："怎么能私了呢？你故意陷害我,败坏了我的名声,叫我往后如何做人?"财主安慰说:"本乡本土的,你要什么我一定周济你。"肃舒的父亲知道儿子被冤枉,也大骂财主不是人,并扬言就算饿肚子也要把官司打到底。财主连忙派人送银两上门道歉,并吩咐肃舒挑一担麻袋来,装些粮食回去过年。

　　肃舒是个鬼灵精,很快就在村里挨家挨户借了上百只麻袋,集中装在一个袋里。他扛着这半担麻袋来到财主家,见财主便说:"我们村里人真穷,你叫我挑一担麻袋来,可全村借遍才借到这半担。"财主看着这半担麻袋愣住,不知道说什么才好,为了平息这场是非,只得叫管家打开谷仓,让肃舒出粮。

　　肃舒把财主的谷子整整出了一仓,半担麻袋装满了,就叫乡亲们来认领自己的麻袋,各自挑回家去过年。

客家典故三则

◎ 周宗胜

一、卸磨杀驴

一位张姓财主从市场买了一头壮驴来拉磨,他认为这比请长工划算,只要给驴喂足草料就行了。套上磨,驴就会自觉推磨;请长工,还要管吃管住,付工资。有一天,那财主忽然来了灵感:把全年用的粮食提前让驴加工成大米,再把驴杀了卖肉,省得日日喂草料。于是,在驴为他家加工足了全年的粮食后,财主果真把驴杀了,改善伙食饱口福。

俗话说:"天若容人算,世上无穷汉。"那年格外多雨,没有谷壳保护的大米很快就受潮发霉变质,不能食用,悔得财主捶胸顿足不已。

二、害人不成反害己

长工阿源因经常出面维护长工的利益,财主如果不满足长工的合理要求,阿源就组织长工罢工。财主气不打一处来,怒从心头起,恶向胆边生,要置他于死地而后快。

一日,财主假装让阿源去掏井底下的淤泥。清理完淤泥,阿源正要顺梯上来时,财主迅速抽出长梯,转身把准备好的一块大顽石抱起来,用尽全力倾身向井底砸下,没想到重心偏移,财主连同顽石掉入井底,呜呼哀哉。而阿源却安然无恙。原来,阿源正要上梯时,发现长梯被财主抽走,就意识到财主要害自己了,于是贴身于井壁,躲过此难,财主反而自食恶果。阿源手脚并用,上了井面。

三、过河拆桥

林财主住在村庄"双汇溪"河畔较低的洼地,同乡的穷人住在河西边的高坡地上,务农耕种为业,平时农事耕作,要经过一条六七米长的木桥。

林财主在自己生活物资储足后,让家丁们把桥拆了。原来,他心想:"汛期一到,看这些穷人怎么去耕种,等误了农时,我就可以放高利贷了。"

孰料,当天中午,该河上游下了一场百年未见的暴雨,引发特大山洪。山洪汹涌而来,不仅把财主家的生活物资全冲光,就连他的二十多间住宅也被冲得东倒西歪。财主大声呼救,让河西边的穷人过河来帮他转移财产,但由于没有木桥,人们想救援也爱莫能助。财主当场就气得脑出血,一命呜呼了。

"三斤鸡"变"三佰公"

◎ 吴德祥　马传清

相传，古代四堡有个人希望儿辈日后能摆脱贫困，富贵荣华，就把大儿取名长金，二儿叫得银，也想给三儿取个金字，由于排行第三，就取名为"三金"。后来伙伴们开玩笑时加上个鸡字，成了"三斤鸡"，这名字顺口，三金也不计较，大家就一直这样呼他。

三金勤劳俭朴，待人和善，一家三口的生活虽过得去，但手头上也不宽裕。有件事他一直纠结在心，就是虽然他辈分较高，同龄人都该称他为叔公，但是由于家境不裕没人看得起他，每逢村人办喜事，宴庆都很少邀请他，连村里的小孩见到他，还成群结队故意齐声同呼："三斤鸡！三斤鸡！"

一日，隔壁胡子做七十大寿，全村几乎家家有请，唯独三金没被请。碰巧三金听到胡子的儿子问他父亲："隔壁的三斤鸡，是否也请呢？不差他一人，请他可好？"胡子却说："三斤鸡，请他干吗？白给他多占一席。"三金亲耳听到了，心想："不请就不请，但不该这么羞辱人！"

次日，三金干脆趁着农闲，到江西去帮人挑货了。返回途中，经过长汀，正逢大会期，店店客满，无处住宿。只好多走几里到城外郊区，向一户人家借宿，主人说："很对不起，我家人少，被帐也无。客人在我家吃完饭后，到对面的破庙稻草里住一晚吧。"三金很无奈，但也只好如此。

时值隆冬，霜寒雪冷，三金根本不能入眠。月光照入庙内，人也能视物。突然三金看见一对小兔子在天井内乱跳，心想这送上门来的野味抓来带回家给儿子蒸口汤还不错，于是卷起衣衫，伸手就抓。没想到兔子竟钻入天井的石板下，三金便使尽平生之力，翻开石板。不翻无所谓，一翻眼前一亮，原来里面藏着两钵金银，三金心想："真是天赐我也。"于是将货倒出，装入金银，趁着夜深人静，赶路回家。

人逢喜事精神爽，三金得了天财，百十里地，赶了一夜路，翌日晨时就到家了。一进家门就对妻子说了事情的经过，夫妻俩欢喜得眉开眼笑。妻子藏好金银，便做饭烧水安排他睡觉休息，并雇人去把货担回。

此时，三金心想："我在村人面前因为穷丢尽了脸面，现在有钱了，何不也来做一回寿庆，请村人来吃寿酒，挽回面子呢？"于是过了几天，三金就请人写好请柬，宴请全村老少，场面比别人都大。这时儿子就问："胡子家看不起我们，他家做寿不请我们，我们要请他家吗？"三金说："要！更要请他，我们应不计前嫌。而且胡子还是我们邻居，我们更应大度。"

酒宴席间，三金逐个向村人敬酒，当敬到胡子席前时，胡子敬贺道："祝三伯（客家话'伯'与'佰'同音）公福寿延年，福如东海，寿比南山！"三金幽默地笑着回道："我三斤鸡一夜长胖了两百九十七斤了！"胡子一听，感到不好意思，怪自己当初轻视人家，如今哪有颜面在这吃酒，就默默提早退席了。

从此以后，"三斤鸡"这绰号再也没人提起了，连小孩见他也尊敬地叫他"三伯公"了。"三斤鸡"变"三佰公"的故事也代代相传，警示人们待人要一视同仁，不可嫌贫爱富。

敬心以礼　行止依俗

璧洲传统民俗举隅

◎ 林家新

一、装古事

每年正月二十日，喜欢演戏娱乐的璧洲中青年男子会相约装古事。晚饭后，天黑时，点着松光火开始化装。扮男演员的穿汉剧三花服戏衣，饰补缸匠。扮女演员的穿上农家中年妇女服装，头上包上印有蓝白二色的福州花布，饰王婆。

之后开始走路游街。一路锣鼓铿锵，前后松光火把照明，中间是补缸匠古鲁和王婆。游走到了人多的地方，即开始表演《古鲁补缸》节目。补缸匠古鲁先从场边走到坪内，说完姓名、籍贯及职业后，右肩背起一个小木箱，向四周一面走一面唱："东边一出西边转，南边一去北边还。四大城门都走过，并无一人要补缸。"唱后，大叫三声："补缸！补缸！来补缸！"此时，王婆出场，手拿破缸给补缸匠补，你一句我一句，互相戏言。补缸匠古鲁失手把缸打破，王婆要其赔偿，两人相互争执，最后古鲁脱下上衣作赔偿状而收场，幽默风趣，逗人发笑。

表演《王婆骂鸡》节目时，王婆先出场，左手装作拿喂鸡的谷子，右手作撒谷粒，引鸡来食状。口里学着"喔、喔、喔"叫，叫过一阵后，即开始数鸡，从一数到十，又从十倒数到一，再从一数到九，又从九倒数到一，这样反反复复，装作数不清的样子。之后只好唱道："数来数去少了一只黄脚鸡，谁人偷吃了我的鸡，鸡头、鸡骨噎死你！"此时，一个扮二流子的偷鸡人出场，和王婆对唱，两人相互争执，令人捧腹大笑。

二、游船灯

相传,古时有一位皇帝祭完汀江,准备起驾回京,忽然风浪大作,幸得一渔翁勇敢摆渡,安全送皇帝过江。皇帝回京后,传旨乐府作《渔家乐》曲牌,并御赐"渔家乐"金匾一块、夜明珠一颗,以表彰渔翁。从此,闽西客家人在春节期间必游船灯,以庆盛世。

过去,"银苕溪"之璧洲盛产纸张,销售到广东潮汕一带,就靠木船做运输工具。因此,璧洲村民十分重视游船灯,每年正月十四、十五日和二月二游公太活动时,都会出船灯,配合游灯笼、游龙。游船灯事先要用竹篾做成一条船,并装扮得非常漂亮。表演者通常有"纤夫""船公""船婆""姑娘"等人。他们身着彩服,载歌载舞,表演农家生产、生活或爱情故事。内容有出溪、入江,撒网、起网,下滩、上滩,搏浪、搁浅,跳船、拉船等。在行船之时以唱和动作表演为主;在停船或搁浅之时,以船夫号子、落地演唱为主。舞曲有《渔家乐》《闹元宵》《迎风斗浪》《卖杂货》《怡情》《上滩》《拉船》《花鼓》等。表演时,呈现出一派欢快和谐的景象,观者欢声笑语,赞叹不已。

莒溪"出初六"及其由来

◎ 罗道佺

"出初六"是莒溪镇一项古老的民俗活动，由长坑、詹坑、莒溪、莒莲、墩坑、吴坑等十三个村的群众议定各村轮值年份，并依次组织安排。每年正月初六日在镇政府所在地的莒市、莒莲的大街上游行，四邻八村群众纷纷前来观看，各种各样的民间文艺形式都在游行队伍中得到充分体现。

队伍出游的基本情况是：初六日早饭后，从轮值的村庄游莒市、莒莲一遍后停放在招福寺内，初七日早饭后由招福寺再游到莒市、莒莲，之后送到迎接祀奉的村庄。参加迎送菩萨者须吃素。在招福寺里，轮值的村庄要安排一人守庙点香火，每天早上五时击鼓焚香，意为将"三太祖师"的兵将放出以保人畜平安；晚上六时又击鼓焚香，意为将放出的兵将收回，日日如此。每月有村民（主要是妇女）到庙里聚会作福，供奉果品，进香两三次。

"出初六"起始，24位小伙子头裹红布，手持神铳走在队伍前头；锣鼓队，24把"万民伞"，100面彩旗，"三太祖师"轿，摆放着滴水观音、八仙过海、翡翠杯、玉镯等各类艺术品的10余张古董桌紧随其后；接下来是坐着由小孩饰演古今人物的20多台小花轿、十番鼓乐队；压阵的是大小黄狮、青狮，在鼓乐声中边走边舞，"开三山""踏八卦""戏绣球"，气氛热烈、场面喧腾，令人久久难忘。

"出初六"源于一段美丽的传说。说是莒溪周边刚有人家时，詹坑村一户人家生了三个美丽的女儿——元英、发英、善英，她们勤劳善良、乐于助人，不畏强暴、机智勇敢地同恶势力作斗争，结果神秘失踪了。数百年后一个正月初六日的早晨，人们路过詹坑村水尾时，常常听到路旁荆棘丛中似有人在小声说话，有时伴有哭泣声，偶尔有一人停步至荆棘丛中一看，发现有三尊小菩萨。村民便将其带回村里供奉，祈保人畜平安、风调雨顺。

罗胜二月二游大龙

◎ 吴尧生

二月二，龙抬头，游大龙、迎花朝是连城县罗胜村的传统习俗。大龙每节长4米，直径0.5米，由龙板、竹片和竹篾扎成，然后用纸糊裱而成，绘上龙鳞，写上祝词。几十板乃至上百板连接在一起，罗胜大地上就腾跃着长达几百米的大龙，气势磅礴，蔚为壮观，表达了人们祈求风调雨顺、五谷丰登的朴素情感。由于周边的闹元宵活动早已结束，因此罗胜村的二月二游大龙就十分吸引人，不仅连城本县的人们会来观看，毗邻的新罗、永安、清流、长汀等地的人们也会赶来赴会，还有记者和摄影爱好者也会不惜千里奔波，赶来捕捉精彩的镜头。

二月初一日上午，大龙出游之前，村里的理事会就要组织十多人"查修龙路"，以保证大龙和观众都能顺利通过。下午四时即举行隆重的祭龙头仪式，一般是在空旷的大坪举行。制作完好的龙头、龙尾安放在桌子上，香案上的香炉里烛光灿灿、香烟缭绕，猪、鸡、鱼等三牲酒醴一应俱全。在三声地动山摇的神铳响后，乐队伴奏，礼炮齐鸣，尔后，福首公偕众执事在礼生抑扬顿挫的高声引领下，对龙头行三拜九叩之礼。祭礼毕，接龙开始。家家户户燃香点烛、燃放鞭炮，龙身里的蜡烛纷纷点燃，光彩照人。白天看龙，龙游大地，热闹非凡；夜间观龙，如火龙升天，煞是壮观。

连城游龙的地方很多：姑田游龙是以"大"闻名；冯地游龙是以"扫"出彩；四堡游龙是以"拔"显威；朋口游龙是以"子母龙"讨巧；而罗胜游龙则以"盘"取胜。坐落在罗胜水口杉树窝的云峰庵，是始建于北宋的千年古刹，也是罗胜人心目中的圣地。这里地势较高，每当大龙巡游至此，都会围绕着古庙盘绕三圈，往往是龙尾还在庙旁，龙头已到山顶，亮闪闪的大龙在夜幕的衬托下，更加灿烂夺目，熠熠生辉。此时锣鼓铿锵，焰火缤纷，鞭炮轰鸣，人们在低处观看，就像看到火龙升天，飘飘欲飞……锣鼓声、鞭炮声、喝彩声交织在一起，形成欢乐的海洋，把山村的狂欢节推上一个个高潮。除了游龙外，人们还请来专业剧团唱大戏，热烈庆祝，纵情狂欢。

罗胜游大龙历史悠久。相传，清康熙年间，有一年罗胜的水稻刚刚插下不久，老天就久旱不雨。看到田里的禾苗一天天枯黄下去，村民们心急如焚，只好乞求龙王爷帮忙。于是，罗胜吴姓的族长便带领全村男女老幼，备好三牲酒醴、糕点果品，在水尾拱洪头的溪边建醮，十分虔诚地向龙王爷祈雨，并许下宏愿：只要龙王爷保佑风调雨顺、五谷丰登，从此罗胜就年年扎制龙身，并举行隆重的祭祀和热烈的巡游活动，让龙王爷尽享人间香火、食禄。也许是罗胜人的虔诚感动了龙王，祈雨活动不久，老天就陆陆续续下起了雨，当年罗胜的水稻获得丰收。当然，罗胜人也不食言，最初是以房头为单位出龙，各大房努力改进技艺，把大龙的制作过程和游龙技巧推向极致。可是，这样游龙虽热闹，却常会因游龙时间的先后、游龙路线的安排等问题而引起矛盾和纠纷。若干年后，各房商定，每年二月二罗胜全村只游一条大龙。这样既能减少摩擦，又能凝聚人心，于是相沿成习，传承至今。

初一、初二日，是大龙出游的日子。游龙结束后，罗胜村民家家户户都要制作菜肴，热情地招呼客人喝龙酒，整个村庄都弥漫在游龙的喜庆之中。

连城客家"姑田大龙甲天下"

◎ 周宗胜

2024年正月十五至十六日，由龙岩市文化和旅游局、连城县人民政府主办，姑田镇人民政府承办，享有"姑田大龙甲天下"美称的姑田镇，成功举办"龙腾盛世·2024福建连城龙文化节"。其间，城兜村、中堡村各出游一条长三四百米的姑田大龙。

姑田游大龙，起源于明万历年间，至今已有400多年历史。2008年，列入国家非物质文化遗产保护名录；2012年元宵节"姑田游大龙"盛大民俗文化活动中制作的大龙，成功挑战最长游行花车吉尼斯世界纪录，成为名副其实的"天下第一龙"；2020—2022年连续3年入选国家体育总局"中华体育文化优秀民俗民间项目"，也是福建省唯一一个连续3年"三连冠"项目。

姑田大龙的龙头极其出彩，其制作技艺却鲜为人知。

龙头的制作要备好以下材料：一块长5米、宽22厘米的龙板，一卷麻绳，宣纸80张，优质毛竹3根，红纸30张，五色纸20张，火焰纸5张，金纸30张，用于调制稀糊的木薯淀粉3斤，草绿、黄色、桃红、大红、黑色颜料5种。

制作时，用篾刀将毛竹破开，篾片九成破为扁篾，一成破为圆篾。将龙板固定在两条长凳上，按龙头主次结构，循序渐进，先扎龙头骨架，再扎龙脑。为了便于其他部位继续扎制、裱糊和绘画，要先将龙脑用宣纸裱糊好。紧接着就扎制眼睛（眶）、鼻子、龙鳃、龙珠、龙舌、牙齿、龙须等部位。其间，在制作好龙脑后，应将用金纸剪好的"王"字端正地贴在龙头的额头正前方。龙头的一对眼睛，过去是用手电筒来发光，现在改为特殊强光灯，这样大龙的眼睛就更加炯炯有神。整个龙头制作好后，最后画上祥云和龙鳞，使得大龙栩栩如生。

制作一节龙头，熟练的扎制师傅足足要20个工作日。仅两个龙眼睛和两边的龙鳃，就需要2天的时间。

制作好的龙头，高2.4米，长7米，大直径0.8米，眼圈直径0.7米，龙口大张，内含一个直径0.7米的大红龙珠，大有吞云吐雾、威震山河之气势。龙腰每节高度2.2米，大直径0.7米，长4.3米。龙尾高度2.4米，长6米，大直径0.8米。

由于龙头硕大，出游时，一组要8个人协同：1人观察路况，如发现前方有障碍物，即时负责清除；3人擎抬龙头；4人用绳子从前后拽住龙头，保持龙头巡游途中平稳，减轻擎抬龙头人的负重。龙尾需3人独立抬游，与龙身相距数米远，跟随巡游。

做对岁

◎ 巫庆明

客家新生儿出生一年,称作"对岁",人们都要举行隆重的"做对岁"仪式,又称"穿鞋子"。此仪式一般是在生日前几天进行,只提前,不推迟。父亲先请人选好吉日,自己再带着一筒面、两个饼,徒步前往孩子外婆家盛情邀请。

日子还没到,周岁儿全家就要早早张罗,忙个不停。打扫庭院,木板墙壁洗得光亮发白。到了当天,做奶奶的喜笑颜开,翻出新装,略作打扮。做爷爷的腿脚格外轻,宰鸡杀鸭,置菜买酒。厨房里热气腾腾,姑、婶们煮蛋切肉……

一会儿,邀请的家族里福寿双全夫妻俩"好命老"到来,只见他们茶也不喝,便各自忙活开了。女好命老挽起手袖,和婆婶们一起给周岁儿洗澡,并说道:"一边洗浴一边大,快快长高做大人。"洗完澡后,着外婆家带来的新帽子、新衣裳、新鞋子,从头到脚都要新的。男好命老把鞋子往周岁儿脚上套一套,周岁儿从此迈开双腿,步入人生旅途。

老祖宗神位面前,献上供品。孩子父亲点起蜡烛,燃起清香。男好命老抱起周岁儿向天地、祖宗磕头、作揖,口中念词:"老祖宗保佑某某(周岁儿)长命富贵,健康成长,根基牢固。再祈求家族昌盛,人丁兴旺。"说完,主人向他递上红包。之后,放高升炮,"嘭——叭",声音响彻天空;再放百子炮,噼里啪啦,满地红。

紧接着,把周岁儿置放在平时筛米用的五尺直径的竹笪箩中,里面有书本、笔、算盘、秤……任周岁儿抓,以此预测日后他会从事何种职业,这饱含着长辈的殷切希望。

又接着,往周岁儿围裙兜里装满糯谷爆米花和炒熟的黄豆。你看,一把糯谷，放在热锅里盖上锅盖，几分钟后，噼里啪啦，锅里满满爆米花；一粒黄豆，种到地里，来年长满整株。这是希望周岁儿像爆米花和黄豆一样发，子孙满堂。亲朋好友纷纷前来，递上红包。仪式结束，摆上几十桌，热闹一番。外婆舅妈回程，鸣炮欢送。

铁山罗地的"四时节令"

◎ 罗小林

四时节令是指按照季节的顺序所施行的仪式和节庆,通俗地说,就是节气、节日和仪式。这些仪式和节庆,在乡村大地得到广泛重视,成为当地最重要的民俗文化。铁山罗地有一本祖传的由本地秀才自编的、本村子弟在私塾读书识字用的读物——《天生地载》,内容涵盖了生产生活、佳节民俗、山水风光、道德要求等,共894句3576字,其中对本地的节气和农事安排、节日和仪式的介绍比较详尽,内容全面,是对当地"四时节令"的全面概括。现将该读物撷取部分,并按农历的顺序对节气、节日和有关仪式进行介绍。

一、节气和农事

二十四节气是表示自然节律变化的特定节令,是中华民族劳动人民长期经验积累的成果和智慧结晶。它在人们的日常生活中发挥了极为重要的作用,是农耕时期掌握农时、安排农事的生活指南。铁山罗地的村民,按照自然节令,结合当地的实际,进行农时农事的安排,逐渐形成了一种重要的习俗,这在《天生地载》中得到具体体现。

(一)节气顺序

一月节气立春、雨水;二月惊蛰、春分;三月清明、谷雨;四月立夏、小满;五月芒种、夏至;六月小暑、大暑;七月立秋、处暑;八月白露、秋分;九月寒露、霜降;十月立冬、小雪;十一月大雪、冬至;十二月小寒、大寒。

(二)农事安排

一月:过完元宵就要准备开工,外出创业的也要动身启程了。

二月:准备耕作前期工作,如锄田,做田埂;浸谷种,做秧地,育秧。

三月:手工做纸原料的前期准备工作,如挖斩春笋;把当年刚长出的新竹砍下，归堆后削去外层的青皮，做成生料，然后把生料放到加有石灰的池里浸泡。

四月：春耕生产——犁田、做坎、耙田、插秧。

五月：耕作管理和手工做纸准备工作，如积肥、晒粪，耘田、施肥、除草；杀柴，把山上杂木砍伐下来，晒干，以备做纸和家中做燃料用。

六月：准备做纸原料，如洗生料、洗竹丝。

七月：蒸煮竹丝准备做纸。

八月：开始做纸并售卖出去。

九月：收割稻谷并晒干收藏。

十月：冬耕犁田，劈木备柴，做御寒的冬衣棉被等。

十一月：劈山，把山上杂木等除去，利于竹木生长，同时也劈出防火带；修房舍盖新居。

十二月：出外谋生的要回家了，大家好好盘点一年收入，过个好年。

以上所列节气和农事安排，按农历月份的顺序展开，一年四季，一季三个月，每月两个节气，全年二十四节气规整排列，农事穿插其中安排，春播夏种秋收冬藏，井然有序。这样的生活节奏是对自然秩序的顺应，表现出一种与自然和谐相处的生活态度。

二、节日和仪式

《天生地载》中记载的节日比较全面，反映出当地丰富多彩的生活场景。

（一）正月

正月初一日：一元复始，万象更新，这是需要隆重庆贺的。拜贺新年是这天的重要内容。在铁山罗地，家族中有话语权的人聚集在一起，亲人之间互拜新年，互相祝愿生活美满祥和；后辈向长辈敬酒，以示祝寿拜贺。

正月初七日：古代相传正月初一日为鸡日，初二日为狗日，初三日为猪日，初四日为羊日，初五日为牛日，初六日为马日，初七日为人日。古人相信天人感应，人日这一天，要把剪好的花或剪成人形的彩（俗称"人胜"），贴在屏风上或戴在头发上，讨个好彩头。因此，人日也称"人胜节"。

正月十五日：铁山罗地的元宵节的重要活动是游龙。这种龙俗称"板凳龙"，中间是支着灯笼的木板连接起的一条长长的龙身，两端接上龙头、龙尾。是夜，明月与龙灯交相辉映，融为一体，蔚为壮观。游龙活动持续三天，并配以戏曲演出，非常热闹。

正月还有一项重要活动，就是打醮，又叫保苗醮，在正月十三日、十四日、十五日三天举行，目的是祈求五谷丰登，六畜兴旺，风调雨顺，国泰民安。

（二）三月

三月初三日：上巳节，一般是到水滨去洗濯，去除宿垢，带走身上的灾晦之气，有祈福的寓意，后来上巳节并到清明节中去了。为了让人们记住这一节日的内容，铁山罗地的秀才还记载了"初三上巳，羲之流觞。群贤毕集，修禊兰亭"的典故，说的是晋穆帝永和九年（353）三月初三日，时任会稽内史的王羲之与友人谢安、孙绰等四十一人会聚兰亭，赋诗饮酒的故事。

清明节：这是与二十四节气相重的一个节。古代在清明之前有一个寒食节，是为了悼念亡者，而清明是有求新生，后来上巳、寒食与清明合在一起成为清明节，清明节就成为追远报本的节日，祭扫祖坟就是其中最重要的仪式。在铁山罗地，一直施行春秋两祭，春祭即在清明节时举行。

（三）五月

五月初五日：端午节，割艾草，挂菖蒲，以驱虫避害；吃粽子，赛龙舟，以纪念屈原。

（四）六月

六月初六日：恭请菩萨到村，家家轮流供奉，村民从六月初一日开始全体吃斋，且不得捕鱼杀生，诚心诚意做好打醮的准备。在六月最后三天打平安醮，七月初一日完醮开斋。

（五）七月

七月初七日：乞巧节，待字闺中的姑娘进行彩线穿针比赛，比谁心灵手巧，晚上对月向织女祈求巧艺和美满姻缘。

七月十五日：又叫七月半，这一天要焚纸锭、插路香等，以祀亡魂，追怀先人。

（六）八月

八月十五日：中秋节，外出的家人要回到家中一起过团圆节，晚上赏月吃月饼，并借回家的机会祭扫祖墓。

（七）九月

九月初九日：重阳节，有闲人家到田间地头采摘野菊花回来欣赏。

九月的另一重要活动是打醮，这是一年中的第三场醮，主题是酬报神恩。后来，也许是为了准备得更充分一些，打醮时间改在十月十三日、十四日、十五日这三天。

（八）十一月

时逢冬至，冬至是万物恢复生机的时节。铁山罗地人把"冬至"尊称为"冬年"，并有"冬至大如年""过冬年，吃圆圆，来年好赚钱"的说法。这一天，家家都准备丰盛的晚宴，以隆重庆祝这个节日。

（九）十二月

十二月三十日：过大年。除夕前就要进行许多准备，清洗房舍，张贴春联，宰猪杀鸡……一片忙碌，一派喜气洋洋。除夕这一天，"家家乐饮，户户欢吟"，庆贺"天增岁月，人享升平"。

以上记载的节日和仪式，像生活乐章中的高潮部分，给人激情，富有感染力，令人印象深刻。久而久之，就成为人们生活中不可分割的部分，随着时间的推移，经过不断优化，其中蕴含的文化内涵愈加深厚，愈发焕发出强大的生命力。当然，随着岁时更替，一些节日已被精简，如正月的人胜节和七月的乞巧节；一些仪式也已被整合，如一年三醮改为一年一醮；一些节日时间做了前移，如五月初四日过端午节，七月十四日过七月半，九月初八日过重阳节等。但其主题没被淡化，其民俗文化仍然深刻地影响着一代又一代的人。

附：《天生地载》节选

天生地载，日升月恒。穴居岩处，村唱邑歌……

……

正月立春，雨水淋漓。时当正朔，运泰履端。新年拜贺，福祉亨嘉。

故事篇

初一元旦，进酒颂椒。人日初七，剪彩缕金。元宵十五，灯月交辉。金吾弛禁，铁锁匙开。迎请菩萨，吉作春祈。发表建醮，保苗安民。出门生理，在家耕农。上元日后，百家起程。

仲春二月，惊蛰春分。花朝半月，一刻千金。光阴易度，田事将临。雇工打作，锄铲抟塍。……时浸谷种，稻谷宜真。……田塅肥瘦，割蕨担肥。做种秧地，蕨踏均匀。……

时值三月，是为季春。初三上巳，羲之流觞。群贤毕集，修禊兰亭。清明序属，谷雨纷纷。寒食令节，插柳取榆。追远报本，祭扫祖坟。拜图设祭，宰猪屠羊。舆图家谱，世系聿章。递年划挂，古墓添新。……谷雨前后，掘斩黄笋。杀竹溜竹，削竹匜竹。……

孟夏四月，立夏时因。又值小满，俗为梅天。农事忙迫，起工犁田。榜草做坎，抟作田塍。买牛税水，装犁打耙。抄犁撞渤，耙田扼平。榜秧栽插，雇人相帮。……

五月芒种，夏至又临。候属仲夏，午节时因。端阳五日，阙草飞凫。盘堆角黍，酒泛菖蒲。龙舟竞渡，艾旗垂丝。人工杂务，上山杀柴。……天晴晒粪，泼粪浆肥。耘田捽粪，篮篓粪箕。铲草芟稗，拔莠养鱼。……

恍惚六月，季夏时因。小暑大暑，炎热非常。是月初六，天赐节名。吾乡古例，迎佛临门。除屠禁纲，洁志虔诚。香灯祀奉，朝夕勤心。……至于建醮，发表午朝。竖幡挂榜，祝颂文疏。……禳灾解厄，普济群生。……管山要务，洗洁竹丝。……

孟秋七月，立秋处暑。时值七夕，牛女相逢。人间乞巧，彩线穿针。月半十五，地官赦罪。佳节解厄，热瘴消除。中元序属，邀福求神。……漱竹上竹，煮竹出滩。竹壳漂料，翻火倒根。……

候至八月，白露秋分。中秋朗月，桂影合舒。士农共赏，兴登庾楼。特欲造纸，催人擎柴。……装纸发卖，时价高低。……账目收讫，算秤饭钱。用钱明白，收拾回程。生理顺遂，跨鹤扬州。到家赛愿，请客洗尘。表送物色，答谢饯行。……

季秋九月，寒露霜降。日为初九，序属重阳。孟嘉落帽，桓景避殃。囊荧系紫，篱菊舒金。铲塍劈塝，打谷收冬。……晒干收拾，风净除芒。……春种夏耘,秋收冬藏。祈神报赛,农户常规。一年一余,家庆盈宁。

孟冬十月,立冬小雪。候属小春,望为下元。犁冬斩蒿,劈柞担柴。砍树烧炭,避冷御寒。上圩买布,扒布做鞋。……

仲冬十一,大雪冬至。一阳气转,万汇昭苏。黄钟律吕,线量影长。家冗杂用,再举一场。铲伐火路,劈光竹园。……华堂大厦,前厅两廊。……巍哉栋宇,美矣奂轮。

十二腊月,小寒大寒。一年景尽,四季时收。岁聿云暮,除夕星回。爆竹火炮,响器地雷。拣择日子,送聘迎亲。……江湖寄迹,置货回程。……玄英解职,凤历更颁。天增岁月,人享升平。家家乐饮,户户欢吟。……

朝天灵岩八乡胜会

◎ 杨彬芳

朝天岩实为一佛寺，属连南八景之一，民国版《连城县志》载："在白云山右，距县一百里，有古刹，乡志曰'朝天暮鼓'。"它坐落于庙前镇吕坊村后龙山东北之山腰间，距离319国道3公里，距冷水坑自然村仅0.5公里。寺门朝北，面对赤竹岭。赤竹岭与吕坊后龙山之间形成一条狭长的山谷，兰桥溪潺潺流经其间。谷底的古驿道在闽西尚未修筑公路之时，是连城至龙岩的官驿道，现已开辟为庙前至兰桥公路。然而，当年石径崎岖，路隘苔滑，是征人望之生畏的险途。

文亨镇龙岗村周氏六世祖贵公，生于明惠帝建文元年（1399）前后，卒于成化后期。贵公文武双全，曾任广州知府。正统九年（1444），广西柳州神通洞贼寇叛乱，上敕命其统兵征剿。因剿寇平叛有功，受封诰命大夫，柳州百姓为其建寺纪念。贵公68岁时升任广西布政使，81岁告老还乡。

朝天岩之古刹明朝之前已建。相传，天顺二年（1458）贵公荣归省亲，途经朝天岩时，路遇六只凤鸟拦轿，便至庙间小憩。只见此寺院虽小，却是景色素雅，泉流石隙，树接丹崖，翠峰拥峙，犹如仙境。贵公回到故里后，发动乡亲募捐建庵，立即得到他们的热烈响应。经协商，龙岗乡以贵公本人为首，亨儒乡（即今儒畲村）以罗德成、彭宜章为首，朱地乡以朱继崇、张绍铃为首，吕坊乡以陈安甫、杨荣、魏福裕、范炳一为首，阙坑坝以吴铋铭为首，江畲乡以罗叶受、吕庚为首，兰桥乡以罗万禄、张开元为首，杨家坊乡（今乐江、乐联村）以杨仕良为首，冷水坑以赖某某为首，发动捐资。贵公还与为首者商定，将此庵命名为"朝天灵岩"。

朝天灵岩祀奉观音菩萨，原定由9个乡村轮流奉祀，后冷水坑因人口太少，难以承担，自动退出。八乡人士便共同商议：由八乡按序轮值，因为龙岗是倡议发起者，所以龙岗在每轮为先，杨家坊是大乡，放在最后。

每年农历九月十九日，轮值的乡村民众代表敲锣打鼓到此寺庙举办祈福庆典。次日，把寺中观音菩萨恭迎回村中举办庙会，最前面四面大锣开道，接着是"肃静""回避"的禁牌，禁牌后面是香案神台和头顶大红花的枣红神马，八人抬的神轿紧跟马后。神轿后面是数顶多彩绶带制成的大凉伞，接着是望不见尾的彩旗和彩塑神幡（最多年份足有三四百面）。最后是五彩缤纷的古事马队、彩船、古事棚，多台十番古乐掺杂其中，近千人的迎神队伍按既定线路缓缓游回村中。将菩萨迎回各村宗祠或庙宇后，一般打醮三天四夜，让四面八方来此朝拜的香客一饱眼福。村中搭台演大戏，八方亲朋好友欢聚一堂，于是朝天灵岩便闻名遐迩。

传 说 篇

品正行端　好人好报

白石村田螺山的传说

◎ 吴尧生

连城县白石村是个有500多年历史的客家传统古村落,这里居住的吴氏族人都是明代从连城罗胜村迁来的吴十五郎公的后裔。白石村中央有个明九公祠,祠堂背后有一座山梁叫田螺山,说起这座山,当地至今还流传着一个美丽的传说。

相传,明崇祯年间,罗胜村有个名叫吴明九的后生,他很小时父母就去世了,是兄嫂将其拉扯成人。明九忠厚老实,勤劳节俭,到了十七八岁的时候,他不想再给兄嫂添麻烦,就把离家近的好农田让给兄嫂,自己带着一只小黄狗到距离罗胜十里外的下山(今白石村)耕种一片小农田。他在山坡上搭建起一间小茅屋独立生活,与村里的几位乡亲一起临时住在那里,开荒造田。因为家中一贫如洗,所以他一直没有娶亲,亲人们帮他说了几次媒,也没有成功。

明九没有因此而失望,仍然每天带着他那只小黄狗日出而作,日落而息。一天,他在田里捡到一个特大的田螺,心里很惊喜,就把它带回家,放在厨房的水缸里精心地养起来。他每天给水缸换了清洁的水后,就锁门下地干活。地里的活很多,他从早忙到晚,直到星星都出来了,才精疲力竭地朝家走。他想,今天又要饿肚子了。

可是,刚到家门口,他就闻到一股浓浓的饭菜香,馋得他直流口水。"这是谁家的饭菜这么香啊?"他叹口气,无精打采地打开房门。"哎呀,这是怎么一回事?"他赶紧揉揉眼睛,惊诧道,"真是怪事啊,我的桌子上怎么会有香喷喷的饭菜呢?难道是我走错了家门?"他赶紧跑出门外一看,没错,这是自己的那间草房啊。他再推门进去,饭菜依然在桌子上。"不管了,也许是隔壁大娘帮我做的!"明九走过去便大口吃了起来。这顿饭是自他搬来这里住以后，吃得最香、最丰盛的一顿。

第二天，明九又像往常一样锁好房门，带着小黄狗下地干活去了。太阳下山后，当他收工回家时，果然又闻到了一股饭菜的香味。"不会又有人给我做好饭了吧？"明九想。他急切地打开房门，嘿，饭桌上真的又摆满了一桌丰盛的饭菜，连茶壶里的开水都烧好了呢。

没想到，第三天回来又是这样。第四天、第五天……天天如此，明九心里觉得过意不去，就到邻居家去道谢。他挨家挨户寻访过去，可邻居们都说不是他们做的。明九心想，这一定是邻居好心肠，硬是一再致谢。邻居们都笑着调侃他："你一定是自己娶了个妻子，把她藏在家里，为你烧火煮饭吧。"明九听了心头很纳闷，当晚，他躺在床上翻来覆去也想不出个头绪来，于是就想要探个究竟。

黎明时分鸡叫头遍，明九就像以往一样，扛着锄头下田去劳作，天一亮他就匆匆赶回家，想看一看到底是哪一位好心人。他大老远就看到自家屋顶的烟囱已炊烟袅袅，可是当他蹑手蹑脚，贴近门缝往里看时，家里却毫无动静，走进门，只见桌上饭菜飘香，灶中火仍在烧着，水在锅里沸腾，还没来得及舀起，只是热心的烧饭人不见了。吃完饭，他又扛上劳动工具出工去了。过一会儿他又偷偷返回，躲进家门外想偷看个究竟。快到中午时，他惊诧地看到水缸的盖子被慢慢掀开，从水缸里走出一位像仙女般美丽的姑娘，接着她就很熟练地做起饭、炒起菜来。待做好一桌饭菜后，她又躲进水缸去了。明九心想："今天该不会是我看走眼了吧？"

第二天，明九又起了个大早，鸡叫下地，天没亮就往家里赶。家里的炊烟还未升起，明九悄悄靠近篱笆墙，躲在暗处，全神贯注地看着自己屋里的一切。不一会儿，他终于又看到这位年轻美丽的姑娘从水缸里缓缓走出来，在他的屋子里忙前忙后，很快，一桌丰盛的饭菜就摆满了桌子。明九兴奋不已，赶紧冲进屋去，走到水缸边，惊奇地拿起空田螺壳看了又看，然后走到灶前，向正在烧火煮饭的年轻姑娘说道："敢问这位姑娘，你从什么地方来？为什么要帮我做饭？"明九的出现让田螺姑娘大吃一惊，又听他盘问起自己的来历，更不知如何是好。姑娘转身想回到水缸中，却被挡住了去路。在明九的一再追问下，姑娘见没办法再瞒了，只能实情相告。

原来，这位姑娘是天上的水素女。天帝知道明九出身贫寒，为人厚道，又见他克勤克俭，安分守己，所以派神女下凡帮助他。水素女又说道："天帝派我下凡，专门为你烧火煮饭，料理家务，是想让你在十年内富裕起来，成家立业，娶个好妻子，那时我再回到天上去复命。可是现在我的使命还没完成，却被你知道了天机，就算你保证不讲出去，也难免会被别人知道，我不能再待在这里了，必须回到天庭去。"明九听完神女的一番话，感激万分，但也很后悔，便诚恳地再三盛情挽留水素女。然而，水素女心意已决，临走前，她对明九说："我走以后，你的日子也许会艰苦一些，但只要你忠厚为人、勤俭持家，多耕种、多打猎、多砍柴，生活就一定会一天天好起来。我把田螺壳留给你，它会化为良田，能使粮食生息不尽。"正说话时，只见屋外狂风大作，乌云密布，接着下起了瓢泼大雨，在雨水空蒙中，水素女讲完最后一句话就飘然而去。而她随手抛下的田螺壳则在顷刻间变成了一座田螺山，田螺山上出现了一垄垄农田。

明九依靠自己勤劳的双手和神女的帮助，日子一天比一天红火起来，后来他娶妻生子，繁衍生息。为了缅怀和纪念神女，他把自己的祖祠建在田螺山下，祠堂门前一汪月池水，常年波光粼粼，红鲤游弋。他自己也成为白石村的吴氏开山祖，至今裔孙繁衍，香火鼎盛。

斗转星移，沧海桑田。经过明九公裔孙500多年的薪火相传，当年路隘、林深、苔滑的莽荒之地，已发展成为今天古朴美丽的白石古寨，并于2015年跻身中国传统村落之列，吸引着络绎不绝的游人前来观赏游玩。

姑田漂白纸的传说

◎ 李贞刚

相传,清乾隆年间,连城姑田元甲有一个名叫蒋少林的农民出门去邵武做工谋生,看到当地人用竹麻造纸,想到家乡竹林成片,便虚心向造纸师傅请教,花了整整三年时间,学会了造纸才回家。蒋少林回乡后,便上山砍竹、挖塘、搭厂,着手生产,但造出来的纸张又黄又粗,只能做一般用纸,销路不佳。

一天傍晚,大雨滂沱,雷声大作。蒋少林正在做纸的工棚里工作,突然一个银须白发的老人走进工棚里避雨,蒋少林一见便停止操作,热情招呼,端茶敬烟。可是这位老人态度傲慢,坐在工棚边眯着眼睛观看出纸。蒋少林问他家世,他只说"河之南,草字头"六个字。

雨一直下个不停,天将黑了,蒋少林邀请老人去家里过夜,老人不客气地跟着就走。晚餐时蒋少林炒了一盘鲜肉拌冬笋、热了一坛老酒招待他,他把盘里的冬笋一块一块夹出来放在桌上,然后把猪肉都吃光了,酒喝了一碗又一碗。碰到这样的客人,虽然心中不快,但蒋少林认为难得相逢,还是好生招待。老人把蒋少林家里的一坛老酒全部喝光了,便去睡觉。第二天清早,蒋少林和往日一样出门去造纸,吩咐妻子好好招待客人吃早饭,但到日上三竿还不见客人出房门,妻子走到窗前一看,床上空荡荡的,客人已经走了,桌上留下一张字条,上面写着:

真诚一片钱难买,富贵由人自剪裁。
若把金丝为玉兔,山中立足白银来。

蒋少林不懂诗中含义,便去问村里的读书人,但他们也摇头不解。蒋少林为了改良纸张质地，苦心琢磨，后来在削竹麻的操作中，悟出了诗的真谛，便把黄澄澄的竹麻做成像簸箕大小的圆饼，铺在山上，经过风吹日晒雨淋，褪去黄色，变成雪白的竹丝，用这种原料做出的洁白细嫩的纸，用途广，远近客商争着来购买。

姑田奇石、奇山传说三则

◎ 周宗胜

一、"拜龙石"

乾隆版《连城县志》载述的连城八景之一，即有姑田镇郭坑龙潭瀑布。瀑布下游不远处，有一个"仙人洞"。洞前，有一个天然成形的"拜龙石"，至今保留完好。

相传，很久以前，龙潭栖息着一条神龙。每天凌晨，神龙都会从潭底飞跃出水面，腾云驾雾到东海龙宫与龙王一起商议东、南、西、北方兴云布雨事宜。傍晚时分，又从东海腾云驾雾返回龙潭栖息。

有一天，当地客家首领召集乡民议事，郑重指出，当地之所以年年风调雨顺、五谷丰收，乃近水楼台先得月，得益于龙潭的神龙护佑一方百姓，用甘霖雨露滋润五谷，大家才获得丰收的。神龙日日往返，十分辛苦，若眷恋东海，不愿意返回龙潭栖息，当地就会风不调雨不顺。为了留住神龙，众乡民决定在龙潭出水口河畔找一个"拜龙石"以祭拜神龙。

众乡民披荆斩棘，历经多日，在距离龙潭出水口不远处的东向河畔边，意外发现了一个中间有可以插香烛的小石洞的"拜龙石"。大家欣喜万分，认为是心诚则灵，天意促成，便选择了一个吉日，在"拜龙石"前举行祭祀典礼，烧香点烛，诵读祭文，顶礼膜拜。

说来也怪，晴朗的天空，忽然狂风大作，雷电交加，乌云密布，顷刻间暴雨从天而降。众乡民连忙往不远处的仙人洞避雨，不稍片刻，又风停雨止，阳光灿烂。更为神奇的是，一条彩虹出现在"拜龙石"上，蔚为壮观。

从此，该乡采取轮流值事的方法，每天早晨，都会有一户乡民到"拜龙石"烧香点烛祭拜神龙，希望神龙护佑一方百姓。时过境迁，如今，郭坑龙潭瀑布已经成为乡村旅游的景点,"拜龙石"也成为游客打卡拍照的好去处。

二、石观音

万峰岩,是姑田镇东华村的一处生态文化旅游风景区。

这里有一尊又高又大的天然立莲石观音,形象逼真。关于它的来历,民间流传着一个美丽的传说。

很久以前,观音菩萨驾祥云到连城县境内体察民情。行至现今的冠豸山,看到方圆数十公里美景如画,啧啧称奇。举目向东方望去,红日之下,现今的姑田镇方向瑞气冲涌,于是就驾祥云来到"金鸡岭"(今文亨镇山界地名)至姑田境内,看到百姓安居乐业,一片欣欣向荣的景象,脱口而出:"'金姑田'果然藏龙卧虎,人杰地灵,名不虚传。"说完,就又驾祥云经"鸭公腰"(今姑田镇山界地名)山间,看到一座厚实的大石山有个观音洞,遂驻足观看,只见群山重叠,高低错落,如龙、如凤、如长城,古木参天,鸟语花香,珍禽异兽逐戏其间,甚是惬意;再往前寻,不远处峡谷中,有着"三龙集会""麒麟上山""狮头出世"等自然景观,形象逼真。观音菩萨羡慕人间有如此仙境,恋恋不舍间就化身为一尊立莲石观音,护佑一方百姓。

历经沧桑,这尊石观音头部岩石严重风化。十多年前,当地群众乐捐资金,利用混凝土修复了石观音头像,并上漆(釉)保护。

后人为感观音恩德,又在她对面的山顶上筑建了一尊弥勒大佛,使风景区内妙趣横生,有诗为证:"仰望观音崖石上,遥瞻弥勒霭云中。"

三、鹅形山

姑田镇郭坑村有一座鹅形山。关于鹅形山,民间有一个美丽的传说。

很久以前,郭坑村有一片古木参天的原始森林。在村庄往北3公里的群山中,有一处龙潭瀑布,一只生活在附近的天鹅飞累了,就到龙潭游弋洗浴。浴毕,就舒展美丽的翅膀,头东尾西,飞往森林中一处开阔地休息,日久天长,就恋上了该处休息地。

有一天,这只天鹅就地休息睡久了,就化作了鹅形山。因为是只肥天鹅,所以整座鹅形山的面积有300多亩,全部是红黄壤土。

鹅形山，位于村北向，在上、下两个自然村之间。从镇区沿山边公路到郭坑村水尾桥，就能看到鹅形山的正面。在下坑岭子头路站定，以一条灌溉水渠为平行线，就能看到侧面的鹅形山——修长的鹅嘴、鹅头和肥硕的鹅身，比例恰到好处，栩栩如生。而且鹅形山，鹅嘴向东，鹅身两边开阔地各有一条河，鹅身似在河水中漂游。

传说篇

无粮做粄饭，没菜炒香蛋

◎ 周宗胜

相传，连城县姑田镇有位诚实善良、克己待人的苏老汉，因女儿外嫁他乡，儿子外出经商，只与老伴林氏居家耕作度日，日子倒也安逸无忧。

一年除夕夜，传说中的八仙不信民间有此善人，相约来考验苏老汉夫妻。正月初一日一早，八仙扮成的八个乞丐来到苏老汉家乞讨，一向乐善好施的苏老汉夫妻就盛情挽留他们在家里过春节，增加人气。除女乞丐（何仙姑）食量较小外，其他七人个个能吃。如此到了正月十四日，苏老汉家的米菜主食已所剩无几了，但苏老汉想："明天就是元宵节，不能怠慢客人，还要改善伙食才对！"

元宵节这天，苏老汉夫妻就将仅有的几斗米用石磨磨成米浆，通过蒸浆等工艺，加工成一个个足有三两重的米粄作为美食；将仅存的半篮鸡蛋拿来炒成蛋花，与八个乞丐同吃元宵饭。

乞丐们酒足饭饱后，就告诉苏老汉夫妻："您家的粮食，已被我们吃光了，我们不好意思再给您增加负担了，明天一早我们八人就要到他乡谋生去了。"苏老汉听后，摸着胡须说："哪能吃尽了呢？吃完主食，还有副食品，屋后泥窖还储存有许多秋收的红山薯，先接着吃。过几天我儿子捎钱回家，就可采购粮菜了。"乞丐们说这要不得，执意要走，苏老汉夫妻俩就只好同意。当夜各自整床入睡。

午夜，苏老汉夫妻俩同时梦见八个乞丐已变回八仙，八仙异口同声笑吟吟地告诉他俩："明天一早，可到屋后储存红山薯的泥窖领受伙食费。"说完，就漂洋过海去了。

第二天早晨，老夫妻俩洗漱完毕，半信半疑地来到储存红山薯的泥窖前，打开窖门，俩人惊呆了：所储的红山薯全都变成了金元宝，上面还放有一张字条,写有四句顺口溜:"山民胜亲人,待客敬神人。无粮做粄饭,没菜炒香蛋。"

苏老汉夫妻将这些金元宝悉数分给乡亲们,也让乡亲们都过上了好日子。从此,"无粮做粄饭,没菜炒香蛋"的佳句,就被用来形容当地客家人热情好客、克己待人的好乡风,并相传至今。

(讲述人:余莲福)

传说篇

洪福公王的传说

◎ 黄茂藩

公王，土话叫"公爹"，属地方保护神，保护一方平安和五谷丰登。芷溪四境公王很多，有店背金精公王、大路背祈福公王、隘门民主公王、庵坪大伯公王、山门结尾公王、园畲祈福公王、寨上镇村民主公王、桃源山石岳民主公王、洋底民主公王、蜈蚣崇福德公王等。其中，最著名的是供奉在安民庵的洪福公王，位于西方三圣诸佛的旁边，接受芷溪各姓乡民的顶礼膜拜。

相传，洪福公王是明代人，家住阁康青山庵坪。洪福年幼时去下车村（现上杭南阳管辖）私塾读书，要走十里路，翻山越岭。他有一支神奇的竹鞭，据说是梦中神仙所赠，去上学时，走到没人的地方，他便从荆棘蓬中取出竹鞭，念动咒语，骑上竹鞭，腾云驾雾而去。快到私塾时，降落下来，收起竹鞭藏起来。放学时亦如此这般。

某日，洪福为了感谢先生，放学后请先生到家中吃饭。先生看着天色不早，说改天吧。洪福说："无妨，我有马。"洪福从路旁荆棘蓬里取出竹鞭，叫先生闭上眼，自己心念咒语，带着先生跨上竹鞭。先生只听得耳边呼呼风声，须臾便停下，洪福说："请先生睁开眼，到了。"先生睁开眼，只见青松翠竹环抱，青砖黛瓦，高堂华屋，俨然一大户人家。洪福的父母、兄弟、姐妹等一大帮人把先生迎进屋去，一会丰盛的酒菜摆满一大桌。主人热情劝酒，三碗下肚，先生已醉。待第二天早晨，先生醒来，发现自己躺在下车私塾的卧室床上。洪福侍候一旁，笑道："先生，昨夜您老人家喝醉，我就送您回家了。"

又有一年天旱，久不下雨，水渠干涸，稻田龟裂，刚要抽穗扬花的稻禾快枯萎了，眼看颗粒无收，乡民心急如焚，都说赶快打醮求龙王降雨吧。洪福说："无妨，我去找泉水。"结果，他在一处山崖下用竹竿捅捅，泉水便喷涌而出。乡亲们无不啧啧称奇，赞曰："洪福，你是真神仙。"不仅如此，洪福还自学了很多医药的书，精通医术，用当地的草药救治过许多乡民。乡民更是对洪福感恩戴德，称他"菩萨再世"。

洪福长寿健康，无疾而终，乡民为纪念他的功德，在他屋子旁一棵古松虬枝下设了神坛，称他为洪福公王，供大家敬仰祭祀。当地至今还流传着一首民谣："五月五裹粽三角分，做好来供奉洪福公。祈求禾头花钵大，禾尾两人扛。"

可见，供奉洪福公王，是为了祈求年岁平安、五谷丰登的。后来，全芷溪各姓乡民把他请到安民庵，安置了神座，与佛祖等菩萨一起，享受乡人的敬仰和朝拜。这样他的地位和级别就提高了，是别的公王不能媲美的。还有一个特别的地方，洪福公王是吃荤的，菩萨是吃素的，所以在同一个殿里会供奉荤素两种供品。

蛇骨香炉的传说

◎ 黄　坚

在芷溪阁康有座名曰"楫川公祠"的祠堂，香案桌上放着一个用蛇的脊椎骨制作的香炉。说起此香炉，还有着一个精彩的传说。

相传，邱楫川是清朝时的人，他重情重义，善于交际，因而自青年时期开始，就结交了不少侠义之士。嘉庆年间，楫川为谋生挣钱，来到了建宁府所辖的山区。一日，他闻悉有人想转让出售一片百亩山场，山场内古木参天，竹木资源十分繁茂。仔细一打听，原来是山上有大蛇出没，树林间只要有响声，大蛇就会呼啸而出，伤人、吃人，成为当地一大祸害，煞是可怕。经过仔细思量后，楫川与几位朋友想出了一套如此这般的除蛇法子，于是决定买下那片山场，开发利用。

楫川买下山场后，便与朋友一起准备了许多蛇药，准备毒死大蛇，除去蛇患。他买来了一百只鸡，将鸡开膛剖肚，灌满蛇药，再用针线缝合；同时，又用铁锅熬制了一桶烈性蛇药。准备就绪后，几个人合力将所有毒蛇用的药物和鸡带进山间。

进得山中，楫川率先爬上一棵大松树，用绳子将那一百只鸡和一桶蛇药吊挂在树杈上。接着他叫朋友们往山涧里扔石头，惊吓毒蛇，引蛇出洞。果然，不一会儿，真的有条大蛇自山涧呼啸而出。楫川自树上向大蛇扔鸡，把大蛇引到大松树下，并将所有的鸡一只一只地往蛇嘴里扔。大蛇吞下一百只鸡后，已毒性发作，有些昏昏沉沉。但是它仍然张开血盆大口，大有吞食树上之人的架势。楫川见此，当机立断，对准毒蛇张开的大口，倒下了那桶蛇药。就这样，终于把这粗过水桶的大蛇给毒死了。

毒死大蛇后，楫川他们解剖大蛇腹部，发现肠胃之内仍有不少的金戒指、金手镯及银器等没有消化掉。于是，楫川就把这些东西平分给朋友。朋友们欢天喜地，继续支持并协助楫川砍伐木材，运往福州等地销售。就这样，楫川赚得了大钱，成为富翁，衣锦还乡。

楫川回乡时，没有忘记那死去的大蛇，他带上一节大蛇的骨头作为纪念。后来族人见蛇骨形似鼎炉，便请艺人将此骨略作加工制成香炉，放在楫川公祠内使用。

金鸡山的传说

◎ 江初祥

金鸡山，在连城县文亨镇，距县城十余公里，是连城有名的山。乾隆版《连城县志》刊载童能元撰写的《山川考》，载："棱层叠秀，横亘十余里者为金鸡山。山开数面，向北朝邑，山背半为岭，巅有塘汛，乃朋口由小陶之道。……其水右出为文川之源。"金鸡山是文川河的发源之地，童能元把它当作连城山川分野的重要标志。金鸡山的主峰称金鸡岭，山岭高耸入云端。至于金鸡山的命名，有一段传说。

南宋绍兴十八年（1148），连城刘知县委派吴主簿前往姑田里稽查户籍。吴主簿嗜酒，他自备了一葫芦的老酒，有七八斤，与一位差人出了南门，走过姚坊桥，午间来到亨子堡。时值盛夏，烈日炎炎，天气酷热。吴主簿与公差二人在驿站用饭，饮酒，歇息，直到申时才出发向汤头走去，汤头有温泉，便又在此逗留，洗了温泉浴。之后二人继续往前而行，只见前面横着一座大山，层峦叠嶂，山路蜿蜒曲折，盘旋而上，路两旁树林蓊郁，蝉儿声嘶力竭地叫着，鸟儿啁啾着，在树间跳来跳去，时不时还可看见锦鸡悠然自得地穿行在草丛之间。时近暮色，吴主簿在汤头又喝了酒，此时酒性发作，觉得浑身燥热起来，头晕眼花，走路也不平稳了。差人只好搀扶着他又走了一段路程，吴主簿已觉得整个身子沉甸甸的，举步困难，见路边一方岩石有一丈见方，平坦得很，便躺在上面歇息，差人就坐在一旁。吴主簿恍惚间似乎看到前面山间有一庵庙，金碧辉煌，他慢慢踱过去，蹩进庵门，只见正殿之上，观音菩萨之旁，有一只大的花瓶，一丈来高，花瓶之上站着一只大的金鸡，鸡冠殷红，浑身羽毛金光闪闪。这只金鸡见有人来，便一边鸣叫着，一边飞舞着，吴主簿看得入迷了。过了好一会儿，庵主出来了，见来者是官府中人，便让他到东庑舍中住宿。庵内十分清静，吴主簿很快便入睡了。

吴主簿一觉醒来，睁眼一看，不见了庵庙，不见了花瓶，也不见了金鸡，发现自身还躺在那方岩石之上，差人就坐在旁边的树底下。晨曦透过树林的间隙，一丝丝地照在路径上，谷间的晓岚浮动着，原来已是拂晓时分了。吴主簿到了姑田里，办完了公差，回到县衙，讲起梦中所见金鸡婆娑起舞之事，就把那座山命名为"金鸡山"，那山岭命名为"金鸡岭"，还把此事记录下来。后来《连城县志·山川志》载："（金鸡山）其山在表席里，高峻矗立。传有人到山下，见一庵，金鸡飞鸣于花瓶之上。寄宿寺中，晓起失庵所在。"

石仙庙与张国标

◎ 杨彬芳

在群山叠翠、绿水逶迤的古镇新泉，过去有座香火旺盛的"石仙庙"。因石仙是女的，当地人又称"石姑婆庙"，庙内供奉着四个笑容可掬、体态丰盈的仙女。庙宇建于清乾隆年间，宽敞华丽、翘角飞檐、金碧辉煌。建庙人为乾隆皇帝的侍卫、武进士张国标。张国标为什么兴建此庙？此间还有一个神奇的传说。

张国标，连城新泉人。过去连城交通不便，文化落后，要在这山沟里培养出进士、翰林，可真不容易！张国标能荣登武进士榜，据说石仙曾助了一臂之力。

张国标出身于贫苦农家，自幼天资聪颖，六岁即能通读《三字经》《千字文》，七岁入私塾，通读四书五经，被塾师赞为过目成诵的神童。他喜文好武，一面读书，一面练武。日常生活中，如农家的扁担、棍棒，甚至石头、瓦片均成了他的练武工具；大道、草坪、山坡、溪涧都是他练武的场地。后在乡间拳师的指导下，他系统地练习拳、掌、刀、棍、箭各术，十四五岁时已长得高大粗壮，练就了一身真本领。他力大过人，双手可把石磨托起，碗口粗的树用手可折断。

十八岁开始，参加乡试、县试、府试，科考大都为甲等。二十一岁赴京参加会试，文试顺利地过了关，武试的拳、掌、刀、棍、弓箭比试要求十分严格。他平日勤学苦练、招招式式均应付自如，取得好成绩。开始比试大刀时，他面有难色，因他平日练习的大刀最重只四十斤，而会试场的大刀竟有一百斤重，平常人无法提举。但突然间，他感到浑身劲足，迈步向前，举起大刀，左挥右舞，砍提击劈，一招一式雄健有力，在场考官看后都啧啧称赞。对杀中，对方勇猛过人，在砍杀跃腾中，他一时力不从心，对方猛砍过来，呼的一声，大刀眼看要砍在他的腿上。在这千钧一发之际，他迅即抓住刀柄，跃起迎战对方，反败为胜，夺得全优成绩。

而后，又进行射箭比试。射箭场布置得庄严壮观，四周山头旌旗飘扬。比试开始时，乾隆皇帝也在场，只见国标镇静沉着，连发百箭，箭箭中靶，在场文武百官皆称"神箭"。这次会试，他以优异成绩考取了武进士第二名。乾隆皇帝见他勇智双全，武艺高强，降旨封其为皇宫侍卫，专司保护皇帝之责。乾隆皇帝几次巡游江南，身边均有张国标保驾。

张国标在荣登武进士榜的当天晚上，做了一个奇异的梦，梦见在会试场中有四个女子帮他提刀和瞄准箭靶，助他取得优异成绩。此时，又见四个女子来到他身边，并向他叙述自己的身世：她们四人原是天上仙女，因跳入天池玩水，玉帝得知后，训斥她们败坏仙规，将她们逐出天庭，化成石头，日夜浸在河中，以示惩罚。一次，国标家里人把她们抬回，当垫禾仓脚用，已经几十年了。她们受处罚的期限已到，特跟随他到京城，并在试场帮他提刀使他感到轻松自如，帮他瞄准箭靶，他才百发百中……她们希望国标告诉家里人，尽快把她们从禾仓下取出，如此她们就可重回天庭。

一觉醒来，梦中所见仍历历在目，国标心想可能真有此事。上任之前，他火速赶回家乡新泉，凝神注视着他家的四个垫禾仓的石头，觉得颜色、形状、质地果然均与一般石头不同。当即决定在笏山旁修建一座庙宇，以供奉石仙。很快庙宇落成了，他以乡间最隆重的仪式把四个禾仓石送到新建庙宇神案供奉。村里人听说后，议论纷纷，说国标当大官，禾仓石也当神祀奉，一传十、十传百，全村人都想去庙里看个究竟。说也奇怪，第二天一早，当人们熙熙攘攘拥进寺庙时，神坛上的禾仓石竟变成了四尊神采奕奕、光辉照人的女神像。此时人们又议论开了，说国标当大官，石头也变仙了。自此，人们敬奉石仙，不论婚嫁喜庆还是逢年过节，总是把最好的食物先拿到石仙面前供奉，烧香跪拜，几百年来香火不断。

培田卧虎山传说三则

◎ 吴有春

培田衍庆堂又叫郭隆公祠,每年春节祭拜一到十世祖,全村老少都会到此观看祭拜礼仪,热闹非凡。此祖堂始建于明成化年间,其背山形似卧虎,故称"卧虎山"(又称"后龙山")。在村民中流传着卧虎化为神灵的传说。

一、卧虎显形观戏

培田东、北、西三面都是深山密林,野兽经常出没,糟蹋田禾与菜地。自从卧虎山下建筑"至德衍庆居",并在其左右两边挖了"虎眼井"后,卧虎则苏醒了,于是周边深山野兽少了,庄稼获得丰收。

乾隆年间,"至德衍庆居"改为祖堂后,在前院坪内建了戏台,每年正月、三月、八月会请戏班来演出。相传,演员常能望见对面卧虎山上有老虎两眼如火炬电光,蹲踞着看戏,随剧情高潮而走动,有时也会走近后墙窗口看,似乎通人情知礼仪,从来不吓唬人,更不随意伤人。于是村民都传为卧虎显形,是乡村兴旺的征兆。

二、卧虎暖护女童

相传某年冬天,有一个从外地来行乞的女童,由于衣衫褴褛,难御严寒,晚上躲入祖堂神龛下厢橱内睡觉,不时发出受寒冻的呻吟。卧虎闻知,则轻跳跃墙而入,将女童拥抱于怀中暖护。次日清晨,守祠老人进祖堂敬香,见老虎抱着女童,吓得惊叫:"老虎吃人了!老虎吃人了!"老虎闻此叫声,随即放下女童,跳出后墙回山。来人见女童无伤无恙,才知是卧虎显灵,对卧虎产生敬意。

三、卧虎显威劝赌徒

相传村内有个赌徒，有一天输光本钱夜归。此夜天气炎热，月光当空，赌徒穿着木屐，叽呱、叽呱，垂头丧气地往家走，未知有一老虎尾随其后。赌徒还以为是追讨赌债的无赖，于是头也不回，粗声说道："今日很倒霉，老本都输光了，没有钱给你！"说罢，老虎依然尾随其后。赌徒很不耐烦，转身一看竟然是老虎！说时迟，那时快，老虎不客气地张口，即刻咬住赌徒一只手，赌徒吓得周身颤抖，连忙求饶说："老虎、老虎，求你别吃我呀，我家上有老母，下有儿女，全家就靠我一人劳动维持生活呀！"赌徒哭声哀求，反复几次，老虎都不松口，火炬般的两眼威严地射视赌徒。

此刻，赌徒才醒悟，不该参加赌博，不劳而获之钱来得快去得也快，如果不染此恶习，就不会半夜三更遇到老虎。于是他闭起眼睛说："老虎，要不然你就吃我这只手，留下一只手和两腿让我做事养家，今后我牢记这一教训，永远不赌了！咬吧！"

听到赌徒此话后，老虎突然松口，并且消失在朦胧月色中。赌徒如梦初醒，瘫坐在地上，出了一身冷汗。从此，赌徒真心戒了赌，家庭也和顺兴旺起来了。

定光石陂的传说

◎ 吴有春

培田往罗坊的公路沿线有一川清溪,自紫林村深山老林里流出,至峙角口溪流突然跌落,形成一湾深潭,水面森森涌动,莫知几深,传说有蛟龙潜藏于此,故名"蛟潭"。清溪则名"蛟潭溪"。

相传,蛟龙常兴风作浪,毁坏农田庄稼;还有一些垂钓者、游泳者也常无意间受到伤害。管理一方安宁的土地神无可奈何,通报天神,欲请吕洞宾前来制服罪蛟。

吕洞宾巡视蛟潭溪,见蛟潭下游,村民在辛苦抬石头建筑拦水陂,以便引水灌溉大树下及樟元山麓的大片农田。吕仙思忖此举既利农耕,更可疏散水流,制止蛟龙作乱,于是化身成小孩,取名定光,主动参加筑陂劳动。

开始,定光半天才搬了两三块小石头,而饭量则比大人还大。有人打趣说:"定光,搬一天的石头还没有你一天的饭量多!"定光毫不羞涩地对大家说:"你们别嫌我一天只搬五六块石头,可是我搬的石头比你们抬的大石头更管用!"大家听后哈哈大笑起来。

第二天早晨,大家到了工地,只见昨天所砌陂石,只留下定光所砌的小石,而大石头则东倒西歪。众人十分奇怪,赌气说:"此水陂只好留给定光去建了。"定光微笑地看着众人并坚定地说:"留我建就我建!"有人狐疑不信:"靠小孩一人砌陂,猴年马月能建成?我们的田禾是等不得半月一月的!"定光说:"大家不要担心,你们今夜好好睡一觉,明日就知道分晓呢!"众人说:"那就等着看你的法术吧!"

有一参加砌陂的村民回家吃晚饭时,将此事告诉妻子。她十分好奇,一夜未眠,一边想着这怪事,一边做家务。大约子夜时分,仿佛有一阵大风呼呼而来。她抬头一看,只见天空中一排飞石翻动,她不由自主大声呼叫:"有仙人赶石！有仙人赶石！"说罢，只见那些飞石几乎纷纷落在村西北的峙坑，头几个落在曹溪头枫树坑口及坑山顶上，距离筑陂处只差半里左右。

定光本想自昆仑山赶石到培田筑陂，不料被这名农妇戳破仙术，好不生气！幸好，离天亮还有两个时辰。为了兑现许下的承诺，他只好迅速回仙宫取剑，再赶到培田。时不待人，他快速将剑化为一块巨石拦住筑陂处的水流，又挥动双手，在石陂下游河堤两边分别划出一条水渠；再用手掌拍几下，渠道就抹上了石灰砂浆。这时一声雷响，神马嘶鸣，定光立即跃上神马回仙宫，在石陂上留下几个深深的马蹄印。

上街黄屋，做米砻谷

◎ 罗　滔

　　明万历年间，连城县上街黄屋出了一个传奇人物，名叫黄表。黄表一生做善事甚多，康熙版《连城县志》记载："表素封好义，虽横言触之不怒，洵长者也。成化间，建彭坊、江滨、横坑、蒋地屋桥四座，露桥二十六座。弘治间，督建养济院。时议筑土城，表自鬻产以完。及彭坊桥毁，子守约、守慎继志重建。万历三年，知县郭鹏崇入乡贤祠。"

　　相传，他年轻时家境贫寒，靠拣猪粪过日。一天夜里，他梦见一个白须老人对他说："明日，城门窿有五个无罪的人，要绑去杀头，请你去救他们出来。"第二天一早，他就到城门窿守候，从早上等到晚上，连晚饭都不敢回家吃。等到日头落山，才见到一个后生子吊着五只绑好的田鸡来卖。想起昨夜那位老人家的话，他就将这五只田鸡买来，拿到文川溪去放生。五只田鸡下水后，一只看着黄表不走，另四只钻入水下抬起一只钵子向他游来。他收下钵子后，田鸡才入水而去。

　　黄表将这钵子交给他妻子王氏。王氏放了几粒米在钵中，第二天就装满一钵米。她又放入一个铜钱，第二天就装满一钵铜钱。此后，放毫子就出毫子，放花边就出花边，黄表很快就成了一个大户佬。原来这个钵子是一个宝贝——无忧钵。

　　有一年秋天，连城天大旱，黄表就买米煮粥救济灾民。他妻子去买棉花和布，请族内的妇女做成棉袄送给穷人。此后，每年秋风起后，黄表夫妇都拿出钱来买米买布救济穷人。老百姓编了四句顺口溜："八月秋风起，思量黄氏米。八月秋风凉，思量黄氏娘。"

　　有一年，黄表去到宁化县城看到一群人在街上募捐修建万寿桥，他就挤进去看。人们看他头戴烂斗笠，脚着旧草鞋，衣着破旧，就不客气地对他喊道："这里捐钱修桥，你这老头来挤什么！"黄表一句话不说，大笔一挥，在募捐簿上写下八个大字："连城黄表，一笔完成。"之后对众人语："诸位不必再捐了，这桥由我一人完成。"事情定了之后，黄表就在连城招募工人，买材料，还请上街黄屋的人日日夜夜做米夆谷，保证工人的粮食，按时建好了万寿桥。黄表的善举受到宁化人的称赞，大家就编了"上街黄屋，做米夆谷"两句顺口溜，让黄表的义举万古流芳。

冠豸山的传说

◎ 罗 滔

话说连城县城的东边原是一片平旷的田野。有一年，玉帝叫一位神仙赶着一群武夷山的石头去堵闽江口，好让福建出个天子。那神仙头戴高帽，骑着骏马，手挥神鞭，赶着一群石头，从武夷山向东走。走到连城地界时，被烈日晒得头脑发昏，口干舌燥，实在难以忍受，就跨下马来，摘下帽子，拿着神鞭，走到路边一间草屋去讨水喝。草屋开门后，走出一个漂亮的村姑，热情地把客人请到厅里坐下，随手就给客人敬上一碗糯米酒。那神仙双手接过，一饮而尽，高声说道："好酒。"村姑说："客人喜欢，就再来一碗。"马上又筛满一碗奉上。神仙接连喝了八碗，当场醉倒，伏在桌上睡着了。村姑见客人呼呼大睡，自己也就进屋歇息了。

那神仙酣睡醒来，发现已是翌日清晨。他连忙拿起神鞭，打开屋门，把那群石头赶起来走路。这时草屋里有个小女孩正拿着扫把打扫厅堂。她往门外一望，只见一群石头正在移动，大吃一惊，赶忙大叫："大姐，快来看！"村姑急忙走出房门问："什么事？"那小女孩举起扫把往门外一指："你看，那些石头怎么会动？"小女孩这一指，破了神仙的法术。村姑一看，只见前方突然出现了三道风景：前面一排是几个大石头山，东边的像马头，中间的像官帽，西边的像鞭子；中间一排是一片参差错落、大小不一、形如莲花的石山；而石山后面还有一湾碧绿的湖水。

这三道风景在唐朝叫"东田石"，到元代改成"莲花山"，明清以后叫"冠豸山"，而现在的名字分别是马头山、冠豸山、旗峰山、冠豸背和石门湖。

至于那位神仙的命运如何，又有这样的传说：那神仙没了法术，回不了天庭，就留在人间，跟那村姑恋爱成亲，结为夫妇，养了一大帮的儿女。最后二人化为冠豸山的照天烛和莲花洞，朝夕相伴于花前月下。

开也公，一铳射千斤

◎ 刘德谁

在莒溪东南方有座高山叫羊角寨，东面与铁山罗地交界，南面靠近上杭步云，离镇政府有二十多里，山上目前没有人家。就是在这个地方，有着"一铳射千斤"的美妙传说。

相传，在这里开垦农田的是莒溪莒莲村的罗姓人，名兆高，字开也，是罗姓四张公的次子，人称"开也公"。当时在深山老林开荒种地，既可免交征税，养家糊口，又可避战乱。但在庄稼快要成熟时，总是有一些野兽前来糟蹋。一年夏秋之交，山田里的大冬谷子快成熟了，为了不让野兽再来糟蹋，罗开也在山田周围用毛竹做了围栏，他自己还在夜晚进行守护。

一天晚上，月朗星疏，罗开也带着鸟铳，蹲在一块石壁下守护。一小时、两小时……老人已有点疲惫，想睡觉了，就在此时，突然听到叽叽喳喳的声音，一眼望去，呀！一大群大大小小的野猪在野猪牯的带领下，来到稻田里。老人既气愤又紧张，马上将鸟铳对准野猪牯。说也奇怪，就在正要开枪时，突然几滴雨点从头顶落下来。

月亮当空，为何有雨呢？老人向头顶望去，"啊呀！"一身冷汗都出来了，原来一只张着血盆大口的老虎，正在虎视眈眈地注视着野猪。雨水原来是老虎的口水。这时，罗开也冷静地将鸟铳倒过头来，对准老虎的下巴，"呼"的一声，老虎中弹了，一跃而起，冲向正在稻田里糟蹋粮食的野猪，横冲直撞，与野猪进行血腥厮杀。经过半个多时辰，老虎倒下了，野猪有的死了，有的受伤了。罗开也趁着月光，赶回了莒溪家中，连夜通知亲房叔伯，到羊角寨抬野猪、老虎去了。

就这样，"一铳射千斤"的故事传开来了。连城的木偶剧团还把他的事迹编成戏本，到汀州府进行演出。

悖理违情　有志难酬

财主变猢狲

◎ 黄茂藩

  古时候,有个财主金银满箱谷满仓,但财主夫妇俩待人十分刻薄。他们家有个小婢女很善良,伺候财主一家人,干的是牛马活,吃的是猪狗粮。财主从不喊她名字,尽叫她"丑蛤蟆",小婢女也常常因自己长得不好看而暗自流泪,她想:"什么时候我能变得漂漂亮亮就好了。"

  一天,有个蓬头垢面的老婆婆拎着讨饭篮,挂着打狗棍来到财主家。财主一家人正在吃饭,桌上摆满了山珍海味,老婆婆说:"老爷,请您行行好,给我一点吃的吧!"财主一看,脸拉得比黄瓜长,大声吆喝:"哼,我就是倒掉,也不给你吃!"

  老婆婆说:"我们家发大水,可怜可怜我,行行善吧,我已经三天没吃东西了。"财主婆听得不耐烦,不但不给老婆婆饭吃,反而把一碗白花花的大米饭倒在地上让狗吃。站在旁边的小婢女看到后十分难受,眼泪不住地簌簌掉落。

  老婆婆听后,从衣袋里摸出竹板,边打边唱:"财主米谷一仓仓,不给穷人半碗汤。财主金银层上层,不给穷人半片文……"她边唱边走了。财主气得哇哇叫,连忙唤出他家的大狗牯,狗牯虽凶,但被老婆婆的打狗棍一指,就动不得,叫不出声了。等财主的家奴拿着棍棒追来时,她已了无踪影了。

  过了一会,小婢女打开后院的小门,正要去挑水,只见老婆婆迷迷糊糊倚在门槛上。小婢女急忙放下水桶,扶起老婆婆,心疼地问:"老太太,您饿昏了吧?"老婆婆点点头,小婢女即回屋里,捧出一竹筒的稀粥,说:"这点稀粥,您老人家喝下去吧!"稀粥只有那么一点点,小婢女要全给老婆婆吃,老婆婆怎么也不肯,两人只好分着吃。说也奇怪,这份稀得可以照镜子的粥,两人却吃得饱胀胀的,都精神了起来。

吃完，小婢女去挑水，回来时老婆婆对她说："你帮了我，现在该我帮你了。你有什么为难的事，尽管说吧！"小婢女说并没有什么为难的事。老婆婆看她憨厚，只好直说："你不是希望自己长得漂漂亮亮的吗？"小婢女感到奇怪，自己的心事她竟然都知道了，只好点点头。

老婆婆笑了笑，低下头，从水桶里吸了口清水，往小婢女脸上喷去。小婢女顿觉五官奇痒，如有百虫蠕动，待一阵水雾消散，小婢女变得美极了：柳叶眉、丹凤眼、樱桃嘴、玲珑鼻，活像一朵出水芙蓉。等到小婢女清醒过来时，老婆婆已不知去向了。小婢女高兴极了，知道遇上仙姑，就朝天空拜了三拜。这时财主正拿着荆棘鞭从屋里骂出来："丑蛤蟆，想偷懒，看我揍死你！"小婢女应道："老爷，我挑水回来了！"

财主一抬头，哎哟呦，莫非眼前人是广寒宫里嫦娥下凡来，便色眯眯地打量着小婢女，问道："谁家的嫦娥，你为何光临鄙人的寒舍？"小婢女扑哧一笑："老爷，我不就是丑蛤蟆吗？"财主再仔细打量，褴褛围兜破衣裳，说话口声一般像，真是我家丑蛤蟆。于是财主急忙问："丑蛤蟆，你遇神仙了，才变成这个俊模样？"小婢女一五一十把事情经过告诉了财主。他一听，搔头抓耳急得团团转，跺着脚喝道："你快把她给我找回来，不然就剥你的皮抽你的筋！"

"不要为难小姑娘，我来了。"正在这时，老婆婆从外面撞进来。财主高兴得没法形容，既抬凳又敬茶，弓着腰像只大龙虾，说："刚才怠慢了仙姑，请多多包涵。"老婆婆说："有话尽管吩咐吧，不要客套。"财主满脸堆笑，晃着橄榄脑袋，吊着三角眼说："请大仙姑赐给我们仙水一口，让我们全家都变得漂漂亮亮的。"

老婆婆说："行，拿酒来！"财主高兴得连蹦带跳，叫婢女拿酒来，全家人集齐，站在老婆婆面前。老婆婆噙了口酒，猛的一喷，瞬间财主他们全变成了猴子，叽里呱啦地冲出大门，朝后山跑去。

老婆婆哈哈大笑，吩咐小婢女，说："这些财产就归你及穷乡亲，这根棍子也留给你，碰到困难时，就用它连敲地面三下，我就会来帮助你。"说完化作一阵清风走了。小婢女和穷乡亲成了这个屋的主人，大家和睦勤俭地过日子。

传说篇

可是，变成猴子的财主不甘心，成天来捣乱。有时大家下地干活，猴子就来掀锅撬灶，把好吃的吃掉，不好吃的糟蹋掉。大家抓不着，只好唉声叹气，小婢女想起仙姑的话，拿出棍子，在地上敲了三下。忽然，一阵清风吹来，老婆婆就站在大家面前，她安慰大家一番，说可以制服这群猴子。

第二天，这群猴子又摸下山来，一看院门大开，就悄悄溜进屋里，只见八仙桌上摆满了酒食果品，周围还摆了八张红通通的凳子。它们高兴极了，一窝蜂地抢着坐红凳子，一坐上去，屁股沾着凳子，毛皮烧焦了，滋滋地冒着烟，它们号叫不止，原来凳子都是烧红的砖头。猴子负痛逃进深山老林去，但屁股上永远烙下火红的印记，再也不敢出来捣乱了。

马头山

◎ 罗 滔

冠豸山东北有个马头山，有头没尾。西边有个马尾石，有尾没头。这里头有个传说。

相传，有一位神仙奉命赶山去堵闽江口，行到连城地界时食酒醉，误了时辰，被玉皇大帝贬下凡尘。他的宝马也遭连累被贬。这匹神马气得乱跳，不幸将身子跌断。马头落在东边，成了马头山；马尾飞出十里之外的水西岭，变成马尾石。

经过几千年的修炼，这匹神马恢复了灵性。它对被贬到人间成为顽石十分不满，每到夏收季节，就在夜里到吕屋岗的田里偷食谷物，糟蹋粮食。百姓十分气恼，却又无可奈何，只好烧香求菩萨保佑。

水西岭的马尾石的石头上有个小洞，老百姓在这里做了一个水西庙，只有一个和尚守护香火。一日天明，这个和尚忽然看到洞里有米流出来，用米筒一量，正好一日米粮。从此，和尚就靠洞里的米度日。

神马长期食谷扰民，百姓怨气冲天，惊动天庭，玉皇大帝就派雷公雷母将神马的马头炸掉，所以今日的马头山只有马身没有马头。马头被炸以后，吕屋岗的百姓重享太平年。那水西岭的马尾石上的洞，在马头被炸掉之后，流了三日血水，此后再也不出米了。

"出米石"的故事

◎ 张桂生

不知何年何月，连城县新泉镇官庄村西边的小山之巅来了一位神仙，花白的胡子、魁梧的身材，仙尘轻轻一拂，巨石上顿时出现一个硕大的洞穴，白仙岩因此得名。那神仙做了好事却不求索取，一转身，消失在荒山野岭之中，但在山顶的岩石上留下了深深的脚印，给今人留下不尽的遐思。

又不知哪年哪月，白仙岩来了一位善者，他披荆斩棘、修路、垒墙、平地、安放菩萨；不多时，一座山间小庙诞生了。小庙位于高山之巅的巨岩之下，东、西、北三面无遮无挡，远处的山川河流、田畴房舍尽收眼底，周边山清水秀、植被茂密，风光旖旎、偏僻静谧，是修心养性的绝佳之地。一时间门庭若市，善男信女慕名而来，香火鼎盛。于是乎，庙越做越大，出家到此者越来越多。但庙里僧尼多了，从山下挑水背米上山成了难题。

正在众人犯难之时，一日清晨，忽然来了一位身披红色袈裟的菩萨，一把仙尘往厨房里的一块巨石上一指，便出现四个小窟，分别涌出大米、盐巴、食油和水。众僧尼无比高兴、欢呼雀跃，他们再也不必上气不接下气往山上搬运生活物品了。从那以后，不论庙里来人多少，不论平时还是法事庆典，米都够吃，水都够喝，油盐都够用。

可惜，出家者良莠不齐。有一管事的老和尚，看到天天有取之不尽、用之不竭的大米和油盐，顿生邪念："要是把这些出米、出油、出盐的窟窿加大，多余的不是可以拿到市上换成钱财吗？"于是在夜深人静之时，他翻出凿子、锤子等工具，叮叮咚咚地敲打起来。经过一个晚上的敲打，几个窟窿足足加大了两倍。

天亮了，老和尚伸了伸酸痛的懒腰，满怀喜悦地坐在地上守候。可是，左等右盼，日出三竿了，几个窟窿出来的不是大米、食油和盐巴，而是一摊摊的鲜血。老和尚呆呆地坐在地上悔恨不已。

有酒嫌无糟

◎ 李贞刚

相传，连城西门郊外的童子巷是个没有多少人烟的偏僻小村子，村旁有股小清泉，泉边孤零零地住着一户人家，泉水刚够这家人吃用。

一天，家里来了一位陌生的过路人，说是口渴来讨碗水喝，热情好客的女主人立即打了满满的一大碗酒对客人说："我家这会没有水，您老人家把这碗酒喝了吧！"客人接过酒一饮而尽，没有道声谢便扬长而去。

次日清晨，女主人挑着水桶到清泉去舀水，只闻到泉眼汩汩流出的水竟有扑鼻的芳香，尝了之后，发现不是泉水而是甘甜的浓郁美酒，这可乐坏了女主人。她即刻把这股清泉垒成井，筑墙围在屋后。自此，挂上酒帘，开了一家酒店，路上行人来来往往，生意倒也十分兴隆。

话说有一天，家里又来了一位客人，他对女主人说："店家玉井积香，清泉可酿，可喜可贺！"女主人叹了口气道："好是好，就是有酒无糟，养不了猪！"那客人听了，微微一笑，往泉眼里放了十二粒糯米，告别而去。

第二天一早，女主人到井里挑酒，不禁目瞪口呆，只见泉眼里流出来的全是一团团酒糟，一滴酒也没有了。打这以后，井里有糟无酒，日复一日，渐渐地竟连糟也没有了，最后变回了一股清泉。

村里人得知此事后，编了句顺口溜"人心高了高，有酒嫌无糟"来嘲笑那贪心的女主人，同时警诫世人要知足。

老话篇

陈年旧语　言简意赅

连城堂号典故之解读

◎ 江初祥

一、引言

堂号是古民居或古宗祠的称号,是一个家族的徽号,分两大类:一是郡望堂号,是以郡名或郡所辖地名命名,有一郡数姓或一姓数郡之分。二是自立堂号,族大支繁,为区别各支派系,各支派系便为各自居所命名,是为自立堂号,多用典故,有不同的文化内涵。

二、堂号解读

(一)庙前镇庙前村

1. 三攸居

语出于《诗·小雅·斯干》,这是一首歌颂周王室落成的诗。其第三节有"风雨攸除,鸟鼠攸去,君子攸芋"之句。"攸"为语助词,"芋"为舒畅义,此句意即从此不怕风和雨,麻雀老鼠都离去,君子住着多舒畅。此堂号取诗句中三个"攸"字命名,表达新居建成可安居的愿望。

2. 五有堂

《孟子·滕文公章句上》:"圣人有忧之,使契为司徒,教以人伦:父子有亲,君臣有义,夫妇有别,长幼有序,朋友有信。"以上为"五有",在封建社会被视为"五常",也称为"五伦",是为人处世的五大基本原则。有堂号"敦五""尊五",意同此。

3. 务本堂

《论语·学而》:"君子务本,本立而道生。孝弟也者,其为仁之本与。"句中"弟",通"悌",是敬重兄长的意思。此句大意是君子唯本是务,而孝敬父母、尊敬兄长,就是仁爱的根本。这就是"务本",是我国传统的道德观念,以此为堂号也很普遍。如立本、念本、思本、崇本、敦本、笃本、本仁,都与"务本"相同。

4. 永言堂

《诗·大雅·下武》:"成王之孚,下土之式。永言孝思,孝思维则。"这是赞扬周成王能继承先王功德的诗。此句大意是成王守信有威望,身为天下好榜样;永遵祖训守孝道,效法先人建周邦。以"永言"为堂号,是期望子孙不忘祖德,继承祖业。

5. 来仪堂

《尚书·益稷》:"箫韶九成,凤凰来仪。"《箫韶》是一种美妙的乐舞,连续演奏九章,便引来了凤凰,凤凰也随乐声起舞而有容仪。常用来比喻杰出人才的降临。以"来仪"为堂号,其用意也在于此。

6. 积庆堂

《周易》:"积善之家必有余庆,积不善之家必有余殃。"取"积庆"做堂号,自是主张多做善事,多行善举,以积德而载福,善惠民以存仁。"积善""余庆""善庆"等堂号,意同此。

7. 又新堂

《大学》:"汤之《盘铭》曰:'苟日新,日日新,又日新。'"汤以涤其身以去污来比喻人应洗濯其心去其恶。如能一日涤去旧染之污而自新,则当日日新之,不可略有间断。"又新"是"又日新"的缩简,说明人应不断地除去自身的缺点,方能达到至善的境界。

8. 懋德堂

《尚书·毕命》:"道有升降,政由俗革,不臧厥臧,民罔攸劝。惟公懋德,克勤小物,弼亮四世,正色率下,罔不祗师言。"这是周康王赞扬毕公的一段话,大意是说:治道有起有落,政教也随风俗而变。若不善用贤能,则人民将无所适从。毕公盛德,不仅能勤勉于小事,而且能辅佐四代,严正率领下属,臣下没有人不敬仰的。懋,通"茂",盛义,"懋德"即盛德。以"懋德"为堂号,其义不言而喻。

9. 燕贻堂

《诗·大雅·文王有声》:"丰水有芑,武王岂不仕?诒厥孙谋,以燕翼子。武王烝哉!"这是歌颂周文王、武王迁都丰、镐的诗,大意是说:丰水水芹长得旺,难道武王在闲逛?留下安居好谋略,保护子孙把国享。英明伟大周武王!燕,通"宴",平安;诒,同"贻",留给;翼,保护。以"燕贻"为堂号,取义于把家业谋略遗留给子孙。"贻燕""燕翼"与此同。

10. 贻谷堂

《诗·鲁颂·有驷》:"有驷有驷,驷彼乘駉。夙夜在公,在公载燕。自今以始,岁其有。君子有谷,贻孙子。于胥乐兮。"这是歌颂鲁僖公与群臣宴饮的诗,大意是说:马儿强健又肥壮,拉车四匹真昂扬。早晚办事在公堂,公余宴饮共举觞。从今开始享太平,年年岁岁说丰年。君子有福又有禄,留给子孙来相传。上下人人喜开颜。"贻谷"的"谷",是好、善、俸禄之意。

11. 光裕堂

语出于《国语·周语中·襄王不许请隧》中周襄王对晋文公讲的一段话,大意是治国不可以大物赏私德而应"光裕大德",即应让祖德更加发扬光大。以"光裕"为堂号,其意在此。

12. 敏慎堂

《论语·学而》:"君子食无求饱,居无求安。敏于事而慎于言,就有道而正焉,可谓好学也已。"其中"敏于事而慎于言",即做事要敏捷,说话要谨慎。取句中"敏"与"慎"两个关键字,表达了全句的意思。

13. 从善堂

《论语·述而》:"多闻,择其善者而从之,多见而识之,知之次也。"孔子说明至知之道,在于多听、多看,在于"择其善者而从之",即选择一切好的东西而遵从它,汲取一切好的东西以完善自我。这就是"从善"的价值取向。

14. 怡如堂

《论语·乡党》:"出,降一等,逞颜色,怡怡如也。"走出公门,走下一级台阶,脸色放松,显出怡然自得的形态。这说明了走出朝廷大门时的仪容。以"怡如"为堂号,意在强调应遵从各种礼仪规范。

15. 忠善堂

《左传·襄公二十一年》："我闻忠善以损怨，未闻作威以防怨。"所谓忠善，即为忠诚与善良的品行，它可以消除人际的怨恨，是一种优良的品德。诸葛亮《出师表》："若有作奸犯科及为忠善者，宜付有司论其刑赏。"这也说明忠善者是应予褒扬与赏赐的。以"忠善"为堂号是崇尚这一优良品行的体现。

16. 善居堂

民国版《连城县志》载：官福田为父亲过早去世深感遗憾，于是在本乡茜塘角"善居堂"右筑一祠，即孔清祠。"善居"一语，出自《论语·子路》："子谓卫公子荆善居室。始有，曰苟合矣，少有，曰苟完矣，富有，曰苟美矣。"苟，差不多；合，少有。这是孔子赞扬卫公子荆知足常乐的话。以"善居"为堂号，是崇尚知足常乐的体现。

17. 继序堂

这是咫堂的堂号，咫堂是当地上官姓规模宏大的建构，是宗祠也是民居，堂宇轩昂，庭院宽阔，却名为"咫"，可见其气魄之宏大。而堂号"继序"一语出自《诗·周颂·烈文》："念兹戎功，继序其皇之。"这是周成王即位时的祭歌，意思是应念先祖立战功，继承祖业更辉煌，取义于继承祖业。

18. 峻德堂

《尚书·尧典》："克明俊德，以亲九族。"克，能；明，发扬光大；俊德，崇尚品德；九族，直系至亲。大意是赞扬帝尧能发扬崇高品德，使家族亲密无间、和睦相处。峻德，同俊德。以"峻德"为堂号，其意在此。

19. 锡光堂

《诗·大雅·皇矣》："则友其兄，则笃其庆，载锡之光。受禄无丧，奄有四方。"这是周人叙述开国历史的史诗，赞扬周文王创建周朝的丰功伟绩。"锡光"是"载锡之光"的缩简。"锡"，通"赐"，指上苍所赐予的幸福与荣光，寓意深刻。

20. 锡兹堂

《诗·周颂·烈文》："烈文辟公，锡兹祉福。惠我无疆，子孙保之。"这是周成王即位后祭祀祖先时诫勉助祭诸侯的诗。大意是说：功德双全诸侯公，赐给你们助祭荣；对我周朝永驯顺，子孙长保福无穷。以"锡兹"为堂号，取赐予福祉之意。

21. 孔惠堂

《诗·小雅·楚茨》："孔惠孔时，维其尽之。子子孙孙，勿替引之。"这是周王祭祀祖先的乐歌。大意是说：祭祀既好又及时，主人确实尽礼制，但愿子孙后代永把祭礼来保持。孔，程度副词，相当于很、非常；惠，好。以"孔惠"为堂号，是希望子孙后代永远能尽礼制。

22. 孔修堂

《诗·大雅·韩奕》："四牡奕奕，孔修且张。韩侯入觐，以其介圭，入觐于王。"这是一首赞扬韩侯朝见周王的诗。"四牡奕奕，孔修且张"说的是韩侯的马既高又大，人也显得器宇轩昂。以"孔修"为堂号，是期盼后代子孙有人能为官作宦。

23. 继志堂

继志堂是连城县最早的革命委员会旧址。

《礼记·学记》："善歌者，使人继其声；善教者，使人继其志。其言也，约而达，微而臧，罕譬而喻，可谓继志矣。"意思是说：善于唱歌的人，能使人继承他的歌声；善于教育的人，能使人继承他的志向。所讲的话简约而通达，言微而意善，少用比喻却又明白。能做到这一点，就可以说是"继志"了。可见，"继志"是对善教者的标准规范，其境界是很高的。屋主以此为堂号，可见其用心不凡。

24. 雍睦堂

康熙皇帝的《圣谕十六条》有"笃宗族以昭雍睦"一语。亲族笃爱，和睦相处，便是"雍睦"的意思。以"雍睦"为堂号，是希望家族内部能相亲相爱，和睦相处。

25. 九如堂

"九如"典出《诗·小雅·天保》，这是一首颂扬君王的诗歌，为祝贺君王之福寿康宁，一连用了九个比喻：如山如阜，如冈如陵，如川之方至，如月之恒，如日之升，如南山之寿，如松柏之茂。以"九如"为堂号，是祝愿家族事业兴旺，族人都能福寿康宁。

26. 世德堂

《诗·大雅·下武》："王配于京，世德作求。"意思是说：周武王上应天命，都于京城，世代传承先祖的美德。配，应天命；求，通"逑"，匹配，相适应。以"世德"为堂号，取祖先高贵品德世代相传之意。

27. 树德堂

江姓敬堂公祠堂。"树德"一语出自五代时冯道的故事。冯道，字可道，号长乐老，河北沧州人，为官二十多年，历五朝十国君，官至中书令，曾组织审定"九经"，并将其雕刻出版，开官方刻印书籍之先河。究"九经"之核心乃孝、悌、忠、信，谓之"四德"，冯姓人便以此为堂号，又作"树德堂"或"竖德堂"，也为他姓引用，意在发扬孝、悌、忠、信的精神。

28. 崇德堂

江姓大竣公祠堂。《中庸》："君子尊德性而道问学，致广大而尽精微，极高明而道中庸。"尊、崇同义，尊德亦为崇德也。以"崇德"为堂号，意在传承发扬崇高的道德。

29. 惇叙堂

江姓大周公祠堂。《尚书·皋陶谟》："慎厥身，修思永。惇叙九族，庶明励翼，迩可远在兹。"惇，亦可作淳，敦厚；叙，顺从；励，勉励；翼，辅助。大意是说：要谨慎其身，坚持自我修养，使家族敦厚顺从，贤人勉励辅佐。由近及远，一切从此做起。关键词是"惇叙"，指敦厚地顺从秩序，亦即遵从五伦之序。与其意义相同的有"淳叙""敦叙""彝叙"等，意在维护家族上下尊卑的秩序。

（二）庙前镇庙上村

1. 斯馨堂

斯馨堂，现被列为全国重点文物保护单位。

唐代文学家刘禹锡《陋室铭》："山不在高，有仙则名；水不在深，有龙则灵。斯是陋室，惟吾德馨。"取后一句首尾二字则为"斯馨"。屋主以此为堂号，意在称颂自己所建之居室文雅、清静。

2. 观德堂

江姓文发公祠。《尚书·咸有一德》："七世之庙，可以观德。万夫之长，可以观政。"意思是说：七世的祖先，可以看到其功德；从万民的首领身上，可以看到其政绩。以"观德"为堂号，意在劝勉后裔应继承先祖的仁德，努力完成未竟事业。

（三）庙前镇芷溪村

集鳣堂，现被列为省级文物保护单位。

"集鳣"一词典出《后汉书·杨震传》。杨震是东汉时期关西大学者，又是清正廉洁的典范。传中所记有这样一件事：一天，有一冠雀衔着三条鳣鱼飞到杨府的讲堂前。一位都讲（讲师）取而进献给杨震，说："鳣象征卿大夫之服，三表示位及三公，意味着先生将居高位。"后来，杨震果然官居太尉。这就是"集鳣"一词的来历。屋主以此为堂号，体现了对杨姓先祖高风亮节的无限敬仰，祈望后代子孙以先贤为榜样，悉心向学，清白做人，廉洁做官。

（四）庙前镇芷星村

亦政堂，黄姓宗祠。

《论语·为政》："或谓孔子曰：'子奚不为政？'子曰：'书云："孝乎惟孝，孝于兄弟，施于有政。"是亦为政。奚其为为政？'"大意是说：有人问孔子为什么不去从政。孔子回答说：《尚书》上讲，孝就是孝敬父母，并以友爱的态度对待兄弟，倡导孝悌，以推广到政治方面。这也就是参与了政治。为什么非得做官才算参与政治呢？

孔子认为，推行孝悌于社会，也算是"为政"。这就是"亦政"的含义。以此为堂号，意在倡导孝悌的伦理观念。

（五）庙前镇丰图村

1. 式玉堂

式玉堂，邓姓宗祠。

"式玉"典出《尚书·武成》"式商容闾"一语。式，通"轼"，指马车前面的横木；闾，里巷之大门。说的是周武王乘车经过商容（人名，商朝贤者）的里巷大门时，很恭敬地俯身按着车前的横木，以示敬重。因此，式，解释为敬重；玉，在古代是极为珍贵之物，指代品德高尚之人。以"式玉"为堂号，意在弘扬先祖的美德。

2. 履绥堂

《诗·周南·樛木》："南有樛木，葛藟累之。乐只君子，福履绥之。"意思是说：南边有樛树，野葡萄攀附着它。君子快乐得很，福禄都降在他的身上。这原是一首祝贺新婚的诗，以"履绥"为堂号，意在祈福求禄。

（六）新泉镇新泉村

1. 敬德堂

敬德堂，张姓宗祠。

《尚书·召诰》："今天其命哲，命吉凶，命历年。知今我初服，宅新邑。肆惟王其疾敬德？王其德之用，祈天永命。"大意是说：如今上帝给予明哲，赐予吉祥和永年，因上帝知道我王初理国政，住在新邑。现在应该赶快认真施行德政，用德政向上帝祈求长久的福祉。

关键在于"敬德"二字，这是治理好国家的必要条件。以"敬德"为堂号，意在弘扬德政。

2. 怀仁堂

怀仁堂，是清朝进士张玉峰的故居。

《孟子·告子章句下》："为人臣者，怀仁义以事其君；为人子者，怀仁义以事其父；为人弟者，怀仁义以事其兄。是君臣、父子、兄弟去利怀仁义相接也。"这是儒家的仁义观，把"怀仁去利"视为为人处世的最高准则。以"怀仁"为堂号，意在倡导"怀仁去利"的观念。

（七）莒溪镇壁洲村

双怡堂，林姓宗祠。

《论语·子路》："子路问曰：'何如斯可谓之士矣？'子曰：'切切偲偲，怡怡如也，可谓士矣。朋友切切偲偲，兄弟怡怡。'"大意是说：子路问怎么样做才能称得上是士。孔子回答说朋友之间互相切磋勉励，兄弟之间愉快相处，这样就可以称得上士了。"怡怡"两字重叠，即"双怡"。以此为堂号，意在教育族人应互相勉励，愉快相处。

（八）莒溪镇坪坑村

莒溪镇坪坑村有慎德堂。

《大学》："是故君子先慎乎德。有德此有人……"意思是说：国君首先要注重道德的自我修养，有了美德，才能得到人民的拥护。以"慎德"为堂号，意在祈望家族后代注重道德的修养，做一个道德高尚的人。

（九）莒溪镇陈地村

莒溪镇陈地村有敦厚堂。

《中庸》："温故而知新，敦厚以崇礼。"意思是说：温习旧的才能推知新的，还要诚心诚意地崇尚礼仪文明。以"敦厚"为堂号，用意也在于此。

（十）莒溪镇铁山罗地村

莒溪镇铁山罗地村有孔曼堂。

"孔曼"一语出自《诗·鲁颂·閟宫》。这是一首颂扬鲁僖公能兴祖业、复疆土、建新庙的诗，诗云："路寝孔硕，新庙奕奕。奚斯所作，孔曼且硕，万民是若。"大意是说：新建的宫殿又高又大好气派，新庙与它紧相连。一曲颂歌奚斯唱，长篇巨著有文采，人人夸他好诗才。"孔曼"是很有文采之意。以此为堂号，以示所建之新居必为有文化之家。有嵌名堂联与它相应，联文曰："孔焕规程思鲁颂，曼延孙子课周南。"

（十一）宣和镇培田村

1. 双灼堂

双灼堂，吴姓宗祠。

《诗·周南·桃夭》："桃之夭夭，灼灼其华。之子于归，宜其室家。"大意是说：茂盛的桃树正绽开鲜艳夺目的红花，这位姑娘要出嫁了，将和顺地对待她的夫家。这是一首祝贺新婚的诗歌，洋溢着喜庆的气氛。由"灼灼其华"句取"双灼"为堂号，又与屋主的名字相契合，屋主名桃生，字灼其，讳华年。因此，此堂号极富个性特点，又具文学色彩。

2. 至德堂

至德堂，吴姓宗祠。

《论语·泰伯》："泰伯，其可谓至德也已矣。三以天下让，民无得而称焉。"大意是说：泰伯可称得上是道德最高尚的人，他多次把国君的位置让给季历，人们都找不到恰当的词语来称赞他。"至德"就是至高无上的道德，也是最高的荣誉。以"至德"为堂号，表达了对吴姓先祖的无限敬仰。

（十二）文亨镇文陂村

怡善堂，是爱国华侨、大慈善家、明耻中学创办人周仰云的祖屋。

《史记·乐书》："闻徵音，使人乐善而好施；闻羽音，使人整齐而好礼。"徵、羽，是音乐声调的名称。这说的是乐声的感化功能。怡，乐也；怡善，亦即乐善。以"乐善""怡善"为堂号，意在崇尚善德，望子孙后代多做善事、多行善举。

（十三）曲溪乡罗胜村

式穀堂，吴姓宗祠。

"式穀"一词，典出《诗·小雅·小明》："靖共尔位，正直是与。神之听之，式穀以女。"式，赐予；穀，善，引申为福禄吉祥；女，同"汝"，第二人称代词。大意是说：认真办好本职事，亲近正直与贤良。神明听了这一切，赐你福禄与吉祥。以"式穀"为堂号，意在请上天赐给家族以福禄吉祥，内涵深远。

（十四）曲溪乡蒲竹溪村

贻安堂，是清道光年间进士华定祁的故居。

贻通"诒"，是遗留之意，"贻安"即"诒燕"。典同出于《诗·大雅·文王有声》："诒厥孙谋，以燕翼子。"

（十五）隔川镇联益村

积德堂，陈姓宗祠。

"积德"一词典出《尚书·盘庚上》。盘庚告诫臣民说："若网在纲，有条而不紊；若农服田力穑，乃亦有秋。汝克黜乃心，施实德于民，至于婚友，丕乃敢大言汝有积德。"大意是说：好像网结在纲上，才能有条不紊；好像农民在田间耕作，才会有收成。你们能克制私心，把实际的好处施给百姓，以至于亲友，这才敢说你们有积德。以"积德"为堂号，意在勉励家族后代多做好事，施惠于民。

（十六）四堡镇雾阁村

以文堂，邹姓宗祠。

《孙子兵法·行军篇》："故合之以文，齐之以武，是谓必取。"大意是说：以文来凝聚人，以武来使人整齐，这样就必定能取胜，说明文武合璧为取胜之道。以"以文"为堂号，则可知屋主必定注重文教。

（十七）四堡镇四桥村

1. 念兹堂

念兹堂，马姓宗祠。

《诗·周颂·闵予小子》："念兹皇祖，陟降庭止。维予小子，夙夜敬止。"大意是说：念我先祖国初兴，任用群臣很公平。今我嗣位来继承，日夜勤勉坐朝廷。兹，此，指代先祖的功业美德。以"念兹"为堂号，意在勉励后代子孙要牢记先祖的功业和美德。

2. 在兹堂

在兹堂，马姓宗祠。

《论语·子罕》："子畏于匡，曰：'文王既没，文不在兹乎？天之将丧斯文也，后死者不得与于斯文也；天之未丧斯文也，匡人其如予何？'"这是孔子及其门生在匡地被围困时讲的一段话，大意是说：周文王早已去世了，周代的文化不都在我们这里吗？如果老天要毁灭这一文化，那也罢了；如果老天不想毁灭这一文化，匡人怎能奈何我们呢？兹，这里；在兹，即在这里。以"在兹"为堂号，意在要继承中华优秀文化传统。

河源十三坊土语的故旧典章

◎ 吴有春

宋代河源里是指当今莒溪、朋口、宣和地域,而河源十三坊是指朋口、张家营、洋坊、文坊、马埔以及宣和的洋贝、冈背、上曹、下曹、吴家坊、城溪、黄沙、科南。这十三坊同饮松毛岭东侧的山溪水,此山溪俗称河源溪,是朋口河西北侧的支流。各姓之间联姻甚多,还在马埔共建"珨瑚庙"祀奉闽王王审之。十三坊的土语,邻近乡村都能听懂,称为河源音或河源话,属于连城客家话之一。

河源十三坊土语中有不少故旧典章,其特色有如下几个方面。

一、沿用古老说法

例如,吃说为食:食菜、食酒、食烟。衣服说为衫:长袖衫、短袖衫、开领衫。今天说成今晡日;白天说成日昼;晚上说成夜晡;昨天说成谢日(如花谢一般过去了);明天说成晨晡。太阳说成日头;月亮说成月光。晴天说成天晴;下雨说成落雨。种田说成作田;插秧说成莳田。公鸡说成鸡公;母鸡说成鸡母;小鸡说成鸡仔;老鹰说成崖婆;六畜说成头牲。房屋说成屋宇;楼板说成棚板枋;墙体说成墙头。学校说成学堂;操场说成操坪;课本说成书本;读书说成念书。公路说成马路。事情开始说成开利发市;无说成冇。豌豆说成雪豆;淮山说成雪薯;荸荠说成马荠;慈姑说成蔬卵。父亲说成爷;祖父说成爹;母亲说成奶;祖母说成妈;岳父、岳母说成丈美爷、丈美奶;女婿说成婿郎。出生说成出世。地方说成国或角,如"去什么地方"说成"去那国"或"去那角"。野生菇叫作"馗",这与《尔雅·释草》中所称一致。

二、沿用外域物品传统说法

例如，大蒜称为胡蒜；蚕豆称为胡豆；地瓜称为番薯；辣椒称为番椒；花生称为番豆。火柴称为洋火；煤油称为洋油；铁钉称为洋钉；水泥称为洋灰；铅笔及钢笔称为洋笔及洋墨水笔。

三、意涵深入浅出的词语

例如，已结婚女子称作哺娘；未结婚女子称作"哺娘仔"或"女仔"。这与已婚女子将要做娘哺乳相关。

又如，做坏事恶事的人称作"薑驳鬼"。古时传说鬼死了为薑，薑无法轮回投生，是连鬼都畏惧之怪物；驳是以虎豹为食的凶猛之兽，虎豹已够凶恶了，可见驳凶恶至极。由此知"薑驳鬼"的丑恶与罪行是永远无法赦免的。

再如，丢失脸面称作"跌嘏"。嘏是福寿的意思，"跌嘏"即是言行不合规矩与伦理，表现出无知少教养，有损福寿而很不光彩。

四、借物象喻意之词语

例如，"冇砻碓"意指小孩办事不合理，欠妥当，出错误。因为砻是要上下吻合，碓是要柱锥与石臼对准，才能起作用。"冇砻碓"形象表达了办事不完善的意思。

又如，"乌鸦嘴"寓意说话不吉利；"三分横身七分嘴"形容光说话不出力做事的人；"猫公抓糍粑"形容做事取舍都难之态；"火烧山上捡田螺"表达不能实现目的的事。

芷溪乡言俚语的文化内涵

◎ 黄 坚

芷溪号称"千烟之家",历史久,人口多,千百年来大众口中所吐出的乡言俚语具有其自身的特殊色彩。从大体上说,有些与本县及客属城乡有雷同的地方,如"春莫三日晴,冬莫三日雨""初三落雨到月半""乞食恼乞食""人呆(傻)莫药医(疗)""朝霞雨,夜霞晴"等。但作为方言俚语本身,仍然有诸多不同之处可寻。作为人民群众语言智慧的结晶,其观察之用心,用语之巧妙,叙述之简洁,对应之精细,含意之深邃,实属值得称道。

一、气候

"正月雷鸣二月雪,十二月雷鸣贼打劫。"这句话的意思,就是从天气的表象预示当年的气候和社会会出现一反常态的现象。

"三月三,棉袄脱撇换单衫;牛牯犁田烂脚跟,牛嬷犁田有子生。"此句前半段说明春暖花开,下田做事不用再穿厚重的棉袄,只穿清爽单薄的衣服就可以了。后半段则认为三月三这天公牛下地干活,会染上脚跟溃烂的毛病,而母牛在这天下田,碰到公牛与之相合,就容易怀孕生下小牛犊。

"未曾惊蛰先响雷,四十九日不开天。"这说的是惊蛰节气未到,天上就雷鸣电闪,一般情况下,雷后的七七四十九天都会阴雨绵绵。

"六月北风交后雨。"这是说在六月伏天,遇到刮起北风,就要当心,北风之后雨随即就到,不可粗心大意。

此外,还有"天上狗嫲云,半夜雨淋淋","天上鲤鱼斑,明天炙谷不用翻","初一落雨初二晴,初三落雨到月半","不要愁,不要愁,夏至过撇大日头","云低落雨,云高转晴","西北来云莫好货,不是风灾就是雹","东虹日头,西虹雨","早起浮云走,中午炙死狗",等等。

老话篇

二、人文

"积善虽然无人见，存心自会有天知。"这告诉人们，虽然做好事善事无人知晓，但人在做天在看，善有善报。

"贱人贱命，有颗草头就有粒水珠养。"这里的"贱人"是指地位卑微、生活较为贫困的民众。过去一对夫妻往往会生多个孩子，虽然生活不富裕，但父母却毫不介意，一点也不担心，认为只要有了人，就会想办法生活下去，纵使树叶野菜充饥，孩子也一定能够活着长大成人。

"拗豹仔，翻天印。"这是对初生牛犊不怕虎的小男孩的一种评价。"拗豹"是从闽南话"拗步"借用过来的，表示某人时常对多数人赞同的某事，提出不同的看法。这里主要指那些不听话，常给大人带来麻烦甚至惊吓的小孩。

特别值得一提的是，芷溪正月出灯笼的天气预测俚语。

芷溪出花灯，按姓氏、地域轮值，称为"出案"。由于灯出正月，正值春雨时节，而灯笼都是小片竹篾做骨，外围用纸做成，既惧火，也怕雨，因此主事家都要向神佛祷告，祈求老天开眼，不要大雨连绵。久而久之，人们便会记住某年某姓出案时天气晴雨的情况，总结出四句俚语：

> 杨背哺娘脚子嘚嘚，佯出雨子洒洒。
> 黄屋哺娘圣叨叨，有雨都莫落。
> 阁康哺娘好插金菊花，灯笼一出油纸遮。
> 背园哺娘头披搭瑟，灯笼出门就露出青天隔。

乍一看，这四句俚语似是描述女人的形态，实则是以女人的形态预告了天气的变幻。

"杨背哺娘脚子嘚嘚，佯出雨子洒洒。"古时候杨背大户人家多，哺娘缠细脚（裹脚）的也多。缠细脚的哺娘不仅脚小，而且几乎没有脚掌，走起路来，全靠脚后跟支撑，发出"嘚嘚"的响声，所以借此点出主题，意指杨姓出案时即使雨停了，出花灯的时间里也会时不时有毛毛细雨飘落。

"黄屋哺娘圣叨叨，有雨都莫落。"黄屋的女人比较内敛，少说多做，追求实效。每逢轮值出案，纵使白天雨下不歇，大多晚间都会有歇雨的时候，让出游的花灯完美收官。

"阁康哺娘好插金菊花，灯笼一出油纸遮。"阁坑圆墩孜山一带，长有茂盛的山菊花，八月时山菊花怒放，爱美的女人们便顺手摘下，插在发际。但是轮到阁坑出案，大雨小雨总会下个不停，所以花灯一出，就要油纸遮掩，以免淋湿、破损。

"背园哺娘头披搭瑟，灯笼出门就露出青天隔。"背园（芷溪村南部）原来住有陈、杨二姓，不知何故，陈姓举族移往他乡，将所有田产交付给杨姓一族。杨姓人口不多，耕作劳力便十分紧张。为保证田地不荒芜，女人们无论老少齐上阵，配合男人们去山上田间劳作，以至没有时间去梳妆打扮，头发比较凌乱，被当地人笑称是"头披搭瑟"。而说来奇怪，每逢背园轮值出花灯时，纵使当日大雨滂沱，待花灯出游的时间，一般都会雨歇放晴，天空显露出些许青蓝色，当地人称"青天隔"。

生活百味　妙语连珠

连城熟语与幽默歇后语

◎ 罗 滔

一、人生格言含哲理

(一)艰苦奋斗

人生三节草,不知哪节好。(世事难料)

人生曲曲弯弯水,世事重重叠叠山。(道路是曲折的)

乞食行大路。(走正道)

蛇有蛇窿,鸟有鸟路。(天无绝人之路)

求神不如祭祖,求人不如求己。(自力更生)

黄犬还有三寸气。(要有志气)

做黄鳅不敢怕钻泥。(不怕苦)

作田不畏屎,当兵不畏死。(不怕死)

冇头挪用颈跟他擂。(敢于斗争)

杀头当作风吹帽,枪毙当作仆跌倒。(不怕牺牲)

田螺爬钵,梗爬梗阔。(前途是光明的)

人穷力出,马瘦毛长。(奋力拼搏)

早起三朝当一工,早起三年当一冬。(聚沙成塔)

一顿省一口,一年省几斗。(聚少成多)

一人省尺布,五人省腰服(裤)。(集腋成裘)

男也勤,女也勤,三餐茶饭不求人。(自力更生)

贪该一尺布,去撤一腰服(裤)。(贪小失大)

(二)教育子女

人比人,气死人。(勿攀比)

看菜食饭，看山担樵。（因势利导）

瘦狗陪不得马跑。（量力而行）

乞食不敢供狗，莫钱不敢食汤。（实事求是）

火到猪头烂，功到自然成。（水到渠成）

枚针有两头利，甘蔗有两头甜。（勿求全）

捶蛇要捶七寸。（抓住关键所在）

四两拨千斤。（以巧胜人）

种田不好误一春，教子不好误一生。（注重教育）

养子不读书，不如养大猪。（注重教育）

一篾能吊百斤箩，一个好仔顶十哥。（注重教育）

大做样，细学像，有样莫样看世上。（做好榜样）

二、比喻生动又对号

（一）以物喻人

马屎皮上光，一腹烂草馕。（虚有其表）

痴人望飞鸟，狗望猪肝骨。（痴心妄想）

大户人养娇子，穷人养画眉。（盲目跟风）

狐狸不知尾头臭，田螺不知尾头皱。（无自知之明）

虱嬷多了不会痒。（麻木不仁）

黄鳅教老塘虱。（讽刺晚辈斥责长辈）

鸭嬷炆（炖）烂嘴还硬。（强词夺理）

山中冇老虎，猴子称大王。（小人得志）

（二）以物喻事

老虎借猪。（借物不还）

生葱配死肉，老牛思嫩草。（非分之想）

豆腐挡刀。（以卵击石）

黄狗偷食，白狗受罪。（代人受过）

鸭嬷装决（阉）鸡。（装派头）

鼻屎糊灯笼。（偷工减料）

胖谷占禾仓。（庸才挤掉人才）

肥地加生土，瘦地加黄泥。（世态炎凉）

葱跟葱，蒜跟蒜，青菜甲（跟）萝卜。（物以类聚）

人畏强人鬼畏法，猪狗头牲畏屠伯。（一物降一物）

人不经千言，树不经万斧。（人言可畏）

信得草鞋刺烂脚。（不能一味依靠外人）

养老鼠咬褡袋。（要防内贼）

八月狐狸行老路。（重操旧业）

三、幽默歇后语

（一）描形

屋檐水——点点滴滴不差池。（报应不爽）

猴子捧到姜——又辣又香。（进退两难）

水浸牛嫲皮——又顽又韧。（刀枪不入）

虾公学食茜——试咪试咪。（浅尝辄止）

大水推腊撒（垃圾）——歇歇停停。（做事拖拉）

门扇落水——平呼呼。（不分彼此）

高山看大水——无关痛痒。

呆目六（打瞌睡）撞到枕头——恰好。

清流钻对广东针——利对利。

寒狗不识六月天——不识时务。

笼腹介（的）鸡自啄自——兄弟相残。

九江鱼子转九江——物归原主。

（二）讽人

鸡公啄秤砣——不得嘴瘑（钝）。（枉费口舌）

老福星（指连城著名的木偶戏班）介（的）傀儡——死人争到噔噔企（站）。（硬争）

十指叉喉咙——有苦话不出。

被蒲箩舞打（耍武术）——放不开手脚。

老虎扑蚊煅——大材小用。

老鼠扑蚊煅——小打小闹。

光头上寻虱嫲——无事生非。

三千兵喊一万——虚张声势。

猪屎鸟变凤凰——小人得志。

松毛卵——梗（越）大梗叉。（比喻小孩越大越不听说教）

喉咙头伸出手——垂涎三尺。

丝线喉咙褡袋肚——吃不够。

（三）喻事

大郎扛小嫂——看钱的面。（无奈之举）

老婢子吊猪肉——替人做。

捶（打）死狗来讲价——由佢（他）话（说）。

不曾上床争被盖——抢先。

穷鬼打衰家——找错对象。

三盆滚水漉（烫）不开——死硬。

苦竹头上生苦笋——代代相传。

和尚死了有道人——自有后来人。

铁钉转脚——稳妥。

连城常用谚语

◎ 张健力

百岁寻老嬷。老嬷即祖母,自己百岁,祖母早就不在人世了。形容纠缠旧事。

包讨老婆包生崽。常用于否定情况,意为不是什么事都包办的。

被窝里吃豆子。形容偷偷摸摸不敢弄出响声,也形容做事没声响。

本地胡椒不辣。与"外来的和尚会念经"同义,盲目崇外。

逼牛牯不上树。强逼的做法没有用。

秤钩打火载。火载,铁丝做成的装着松明火供照明的器具,所用的铁和秤钩差不多;打,锻打,如打金、打铁、打锡。形容人情礼物往来基本相当。

秤砣细细压千斤。有能力不在于外表强悍。

吃桃肥,吃李瘦。生活经验的总结,吃多桃子不要紧,不要过量吃李。

吃鸭嬷开斋的。鸭嬷,母鸭,爱大声地叫;开斋,婴儿第一次吃肉食。形容有些人饶舌多话。

吃爷饭,穿奶衫。方言"爷"为父亲,"奶"为母亲,谓小孩子衣食无忧。

出门看天色,入门看面色。要善于察言观色,看情况应对。

崔氏做梦戴凤冠。崔氏,汉朱买臣之妻,在买臣穷困时弃之而去,后买臣发迹,她欲破镜重圆遭拒。形容无福之人思享福。

褡袋里挑新娘。隔着口袋挑选新娘,意为结果无法预测。

打死狗讲价。达成既成事实才谈条件,无谈判余地。

大火炆粥,细火炆肉。生活经验的总结,煮稀饭用大火,煮肉用文火慢炖。

大木差寸,小木差分。误差难免存在,大的东西误差多一些。

带团婆娘锯板客。据说喂奶照料孩子的妈妈和锯木板的工人的饭量特别大，因为他们体力消耗很大。

单单撞单单。碰巧。

当官当皇帝，为了一张嘴。民以食为天之意。

凳般高，得人惜；桌般高，得人恼。幼儿极小时招人喜欢，到桌一样高时，开始让大人费心思了。

冬吃萝卜夏吃姜，不劳医生开药方。养生心得。

冬瓜烂瓢，骨里面生虫。形容从内部开始腐烂，离灭亡就不远了。

短裤丢掉都没钱赎。形容很穷。

掇凳不坐讨凳坐。与"敬酒不吃吃罚酒"同义。

分食分不平，老虎打到张家营。打，叼的意思。意思是行事不能不公平公正。

敢吃蚁公千只脚，不敢吃乌蝇一只脚。乌蝇即苍蝇，强调苍蝇极脏。

秆扫做一头放。形容忙乱的事都集中在一块了。

狗盼猪肝骨。猪肝没有骨头，形容痴心妄想。

好肉骨边生。生活经验的总结，骨头边的肉好吃。

河犬（蚯蚓）也有三寸气。不要欺负弱者，弱者也会反抗的。

皇帝取荆州。源于三国故事，形容行事很急不肯稍待。

黄狗偷吃，白狗受罪。形容遭错怪，代人受过。

会相鬼不会拿鬼。拿，抓的意思。形容眼高手低，只会指手画脚，没有实际能力。

鸡吃砻糠鸭吃谷，各人自有各人福。形容各人命运不同。

饥头饱浴（一作"饥洗头，饱洗浴"）。生活经验的总结，吃饱不要洗头，饿时不要洗澡。

家有千金，不如日进一文（钱）。每天有进项，强过拥有万贯家财。

夹猪屎起跳。时运不好，捡到筐里的猪粪都会跑掉。

将你的斧头倒你的树。以其人之道还治其人之身。

将你的米，煮你的饭。根据彩礼的多少酌情置办嫁妆。

讲古不讲柄，讲人不讲姓。说别人不要指名道姓。

脚毛都玩长了。形容人太闲了，成天玩。

酒醉三间屋，酒醒没一间。形容人酒醉后的话不算数。

看牛跟大帮。形容随大流。

扛轿丢掉新娘。形容把最重要的丢了。

空畚箕挖芋艿。形容无本生意，直接获利。

裤头松掉没得闲系。形容很忙，一点空闲都没有。

烂衫好遮羞，烂鼓好救月，烂铜锣可吓贼。闲置的物品不要丢掉，关键时候有作用。

老虎不发威，你当是病猫。不要看轻人。

老虎借猪。有借无还的意思。

老婢子吊猪肉。猪肉是主人的，好处与己无关。

老鼠翻落米桶里。形容意外的好运。

老鸦没有隔夜蛋。批评人一有东西就急着吃光，都留不到明天。

箣瓜敲铜锣，越敲越无。不能相信有的人起劲时的许诺。

连城县，竹根亲。形容由于地方小，相互之间都是亲戚。

两个煎，两个涮，两个颈上挂，两个手上捏，两个袋里塞，两个脚下踏。贺人生子，去"看月"（看望月子里的产妇）要吃十二个喜蛋，吃不完就"兜着走"。

六块木板领了五块。棺材板共六块，领了五块，谓行将就木。

买马容易置鞍难。买了一件主体物后，后续的购买物件还有很多。

慢猫好吓鼠。慢猫，没威风的猫，病猫。再弱的猫也镇得住老鼠。

馒头才刚咬到皮。做的事情才刚开个头。

猫公替狗做事。替人卖命得不到好处。

猫公抓到糍。碰上麻烦事，甩也甩不掉。

没忌没缺八十一。形容人没有太多顾忌和讲究，反而长寿。

没头颅用颈来拼。体现大无畏精神，坚决斗争到底。

梅针头上削铁。梅针，缝衣针。形容很会算计，过于精打细算。

面店里求葱。比喻找错地方买稀缺品，不挨宰才怪。

男人吃饭水推砂，女人吃饭扒一扒。推，方言，冲的意思。意为男人吃饭很快，女人吃饭慢一些。

男做齐头女做一。客家民俗，男子在虚岁整数如六十、七十岁，女子在虚岁逢一如六十一、七十一岁时做寿。

你做初一，他做十五。对别人做了坏事，对方也会用同样的方法报复。

年三十夜槽肥猪。"临时抱佛脚"之意。

陪野猪吃芋卵菜。陪别人做自己不爱做的事，不情愿做。

乞食的命，皇帝的嘴。苦命人嘴巴却难伺候，指太挑食。

乞食恼乞食。乞食，乞丐。谓同行间不相容。

千担粪，一丛禾。所有好处给一个人得，也形容独子得了所有财产。

前锅不曾滚，尾锅滂滂滚。形容旁人多管闲事。

去掉油点火不光。形容耗费精神效果不好。

人生三节草，不知哪节好。形容人的命运无法料定。

日求三餐，夜求一宿。形容最基本的生活需求。

日头无望（哪敢）望月光？儿子没指望，不要妄想指望孙子。

三、八月蛇拦路。生活经验的总结，三月蛇解除冬眠，八月蛇抓紧觅食，此时蛇多。

三餐不曾求你二餐半。形容不求人，不用受人制约。

三岁看出八十。从小可看出一个人的发展。

三月吃桃，四月发痨。生活经验的总结，三月吃了未熟的桃子会损害身体。

山猴不曾见过鹿。讥人没见过世面。

衫脚泼死人。衫脚，衣摆边幅；泼，猛烈摆动。形容盛气凌人，衣摆就能把人甩死。

上屋搬下屋，三箩谷。形容搬家不容易，要耗人力、物力、财力。

上床萝卜下床姜。姜宜早上吃，萝卜宜晚上吃。

少吃多安生。形容知足常乐。

蛇有蛇路，鸟有鸟路。各人有各人的活法。

屎虫钻磨石。形容不自量力，与"蚍蜉撼树"同义。

手指爪拗出。与"胳膊往外拐"同义。

树挪死，人挪活。人适当换换环境，会更有利。

水浸牛嫲皮，浸也三斤半，不浸也三斤半。指人有坏习惯，屡教不改。

说人恶，烂嘴角。劝人不要随便讲人坏话。

死佬守木头。死佬，死人；木头，客家话，指棺材。形容死死守住。

死人争到噔噔企。"噔噔企"，站得直挺挺。批评某些人爱强词夺理。

四月八，金豆大大荚。生活经验的总结，农历四月初菜豆已长成，可食用。

四十四，目生刺。年岁不饶人，到了四十来岁，眼睛就开始老花了。

提着裤子都赶不上。形容与别人差很远，怎么都赶不上。

挑挑择择，择到一个烂瓠勺。形容不要过分挑选。

歪锅头配歪锅盖。诙谐语，形容夫妻同一种德行。

外祖母都冷心。形容无可救药，彻底让人失望。

未吃五月粽，寒衣不敢送；未过五月节，棉被不敢折。生活经验的总结，五月节前天气还会转冷，过了五月节才不会冷。

问客杀鸡。形容待客虚情假意；在比较亲密的朋友间，也通常用来开玩笑。

无窿想钻缝。挖空心思做某事。

无罗不成席。流行于连城城关地区，罗姓是连城城关的大姓，凡有宴席或饭局，桌上一般有姓罗的。

瞎目好看戏，耳聋好听事。指人不知自己的缺陷。

想好又想好，又想棉被又想袄。这山望着那山高，欲望难以满足。

想他一尺布，去掉一腰裤。形容得不偿失。

信得草鞋刺烂脚。依赖某人或某物，满心以为包成功，结果反而办砸事情。

信得腹，卖了屋；信得嘴，卖了契。形容人好吃懒做，什么产业都卖掉。

信得他会穿席子。穿席子，指人死了没钱买棺材，以席裹尸。形容被害惨了。

鸭嫲装决鸡。讥人故意装风光。

鸭子听雷公。形容听不懂说什么。

鸭子炆烂嘴巴硬。斥人嘴硬。

爷妈惜满子，兜嬷惜头孙。满子，最小的儿子；兜嬷，爷爷奶奶。过去父母亲往往最爱小儿子，爷爷奶奶则最爱大孙子。

一庵和尚替一人修。大家辛辛苦苦，好处却被一个人独占。

一丛禾一个水珠养。形容人在世上，总有活路，天无绝人之路。

一鸽当九鸡。当，相当于。形容鸽子营养价值高。

一个赤孩毛，三个蓬头婆。赤孩毛，婴儿。照料婴儿是很累的，三个女人照料一个婴儿还忙得没空梳洗，蓬头乱发。

一坑老鼠吃一坑禾。与"靠山吃山靠海吃海"同义。

一窿泥蛇不当一条青竹蛇。经常用于讽刺人虽然孩子多但能力平平，不如别人只有一个孩子但才能出众。

一人没二人的计，三个人会做把戏。与"三个臭皮匠，赛过诸葛亮"同义。

一人难满千人意。"众口难调"之意。

一日刽九猪，九日没猪刽。与"旱时旱死，涝时涝死"同义。

一只鸭子搅水不浑。形容势单力薄难做成事。

一桩钱一桩货。与"一分钱一分货"同义。

有吃自然到，莫吃爬上灶。劝人安分守己，不要奢求。

有事有人说。意为道理要让众人评说。

鱼畏换塘，人畏换王。动乱时世，老百姓遭殃。

芋卵菜，不消油（一作"君达菜，不消油"）。形容要求不高，容易满足。

早起三朝（早晨）当（抵）一日。珍惜光阴，利用好早晨。

摘菜要一皮一皮地摘。一皮，指一片菜叶。喻做事要按顺序。

阵头太多，无米下锅。想法太多不专一，反而没有好结果。

蒸酒做豆腐，不敢称师傅。即使是富有经验的人，酿酒和做豆腐都容易失手，不好自夸。

猪吃菜叫羊去赶。羊也爱吃菜，比喻用错了人。

装钉打倒佛。佛像前埋钉子，结果把佛像敲坏了。形容不但事情没做好，反而坏了事。

芷溪俗语

◎ 黄茂藩

鬼画符。（写得乱七八糟）
叶下桃。（靠长辈庇护供养的不懂世事的人）
金乌蝇。（外强中干）
雨打簸箕。（说的话没人听，还惹人烦）
鸭子听雷。（听不懂）
货比三家。（三，表示多数）
落寞倒灶。（完全失败，非常贫穷）
借花献佛。（借人家的东西来敬客）
蚁公咬尾。（看见有利可图便跟着他人去做）
坐食山空。（不从事生产，再多钱都会花掉）
贼过打锣。（马后炮）
老虎借猪。（有借无还）
鸡啄秤砣。（反复说教都无效，一般指教育后代）
冇骨公主。（长辈处事不公平公正，偏向一方）
寅吃卯粮。（用钱透支了）
诈癫食马屎。（装疯卖傻）
猫公守老鼠。（死守，不挪动）
蚊家入牛角。（嫁到或者走进更偏远的山区）
脚跟莫朗水。（早出晚归）
闲嘴啄鸡笼。（多说无效果）
鸟过拔根毛。（非常贪婪，再小的利益都要占有）
断尾猪好晃。（没本事又好出风头）

天井里沉船。（丢失的东西是自己人偷去的）

卷铺盖走人。（辞去工作）

古事过禾山。（意为好景、好事已经过去了）

长病无孝子。（子女长期服侍久病的长者，难以尽心尽责）

好心遭雷打。（恩将仇报，以怨报德）

肚饱目不饱。（贪婪，或称赞食物很好吃）

鲤鱼出大溪。（走出狭小天地，前途无量）

火炭疗赤目。（没用的治疗，喻徒有虚名）

秤钩打火钻。（事情办砸，得不偿失）

泰山石敢当。（再大的困难都敢面对）

烂鼓好救月。（再差的人都有他的用处）

送佛送到西天。（帮助别人有始有终）

枚针头上削铁。（没多大利益）

苦瓜虫内作蛹。（外貌忠厚、内心阴险的人）

细人仔，赤霞毛。（指小孩子）

人要面，树要皮。（人要有好名声）

养老鼠咬褡袋。（要防内贼）

擂茶槌教夯杵。（没那能力还去教别人，不自量力）

爷秀才，子棺材。（对知识地位高的人的不肖儿子的讽刺）

猪不吃狗不看。（非常丑陋）

扑壁莫一点尘。（穷得什么都没有，家徒四壁）

猫公鼻到鱼腥。（闻讯而来，贬义）

门槛脚都踏烂。（来者很多，有时特指一家有女百家求，登门提亲的人多）

穷鬼碰到饿鬼。（想求助他人，结果他人更糟糕）

瘦牛加犁一转。（本已筋疲力尽，还得拼命去干）

烂泥糊不上墙。（自暴自弃的人扶不起来）

见人衰，揉落溪。（落井下石）

猪不肥给狗肥。（想要的没能实现，不想要的反而实现）

人情长，数目短。（亲朋间借贷要及时还，守信用，人情才长久）

我撑伞你戴笠。（接着就轮到你了）

鸭嫲学食甘蔗。（没那本事还要学别人那样做）

火烧屋，扒铁钉。（乘人之危占便宜）

太岁头上动土。（挑战权威）

嚼到一嘴的毛。（原想办好某件事，结果不但没办成，反遭其害）

老婢子吊猪肉。（替别人做的）

屋檐水，点点滴。（不好的家风会传下去，通常指大人不孝顺长辈，他的后代长大了也不会孝顺他）

人心不足蛇吞象。（贪得无厌）

口念弥陀心带刀。（表面和善，内心狠毒）

人心难测水难量。（居心叵测）

鸡卵不与石头斗。（弱者不与强人斗，好人犯不着与坏人论长短）

老人说话纸包起。（要重视老人讲的道理，他的话往往充满真知灼见）

马头泼水收不回。（言行已出，无法收回）

吃水都要吹冷来。（异常小心）

五个手指有长短。（人的秉性各有差别）

金手银脚玉肩头。（讽刺不肯动手的懒人）

救起人命寻包袱。（吃力不讨好，反惹来麻烦）

老虎头上篦虱嫲。（敢于挑战强者）

家家门口有滑石。（家家都有一本难念的经）

一盘鱼子尽尽头。（各持己见，无法统一，不知听谁的）

谷雨田鸡背上背。（谷雨时节是青蛙交配季）

魂魄都上金瓜盘。（严重惊吓）

目珠只看鼻子尖。（目光短浅）

年三十夜凿肥鸡。（临时加班加点，来不及了）

信得草鞋刺烂脚。（依赖他人，反而失败）

姜头还是老的辣。（年纪大的人更有经验）

壁上画马不好骑。（空有外表不实用）

洪福公王不离坛。（久占位置，不肯离去）

鹧鸪换了猫头鸟。（得不偿失）

土地伯公也好高。（谁人都有自尊心，不愿甘居人下）

人怕名声猪畏瘴。（怕名声不好，没有好结果）

一个萝卜一个窟。（用途一一对应）

菩萨脚下做人情。（用别人的东西做人情，贪天功为己有）

手指拗入莫拗出。（为自己或自己人好，不会偏向别人）

猪屎头上加肥泥。（好上加好）

打铜锣被老虎叼。（出乎意料，反遭失败）

扁食店里去让葱。（走错门道，东西太贵）

一条龙，二十四人扛。（要靠集体的力量）

小时偷针，大时偷金。（要防微杜渐，小时没有教育好，犯小错误，长大后会犯大错误）

马瘦毛长，人穷力出。（因穷而发奋）

天上雷公，地下舅公。（舅公权力大）

风光易过，冷债难还。（不要贪图一时痛快，以招来无穷的后患）

蛇有多大，窿有多大。（收入多，开销也大）

人兴有祸，狗兴有饿。（乐极生悲）

一家有福，拖堂满屋。（有福之家，惠及家族）

黄狗偷吃，白狗受罪。（代人受过）

一人食饱，全家不饿。（形容单身汉）

人上一百，七股八搭。（人一多，就各种人都有）

为老不尊，带坏子孙。（老人品德不好，子孙也学坏）

天上的月光不敢想。（实现不了的梦想）

乌头虫不知死日到。（糊里糊涂生活，不知大难临头）

换个厅堂不会烧香。（不能灵活运用）

上台戏子，下台花子。（在不同的情境下完全不一样）

人要灵琅，火要空心。（做人要灵活）

朝天岩菩萨显外方。（对自己人不好，对外人好）

老话篇

田鸡剥了皮还会跳。（很厉害，有能力）

有种莫种，冬瓜像水桶。（长辈德行差，其后代也如此）

拱背老子两头不粘席。（无法周全，左右为难）

一条竹竿押到一船人。（一句话得罪所有人）

脚趾头上都会抹算盘。（斤斤计较，爱占便宜）

公有婆有不如自己有。（自己要有钱才好）

不懂他门楼朝东朝西。（没去过他家）

前锅不滚，后锅波波滚。（该发言的没说，不该发言的反而滔滔不绝地讲）

撑船蒸酒，不敢称老手。（风险大，不敢掉以轻心）

有吃自然到，莫吃爬上灶。（安分守己，不要奢求）

禾头花钵大，禾尾洗锅扫。（水稻收成差）

人不经千言，树不经万斧。（人经不起众人指责）

人善被人欺，马善被人骑。（善良懦弱的人易被人欺侮）

不怕不识货，就怕货比货。（货好不好，一比就知道）

要在江湖走，磨利一张嘴。（不管干什么职业，都要能言善道，口齿伶俐）

夜路行得多，总会撞到鬼。（坏事做多了，总会被人发现）

养子不读书，不如养大猪。（子女读书很重要）

想他一尺布，去掉一腰裤。（想占别人便宜，反而吃大亏）

一心想上天，脚下不生云。（有理想，没条件）

老虎不发威，以为黄猫狸。（对方误判自己没能力）

未曾开口先笑，不是好猫。（笑面的藏奸诈）

酒醉三间屋，酒醒没一间。（醉酒许诺的话不可信）

只要口味正，不畏疮子痛。（讽刺不顾身体情况都要吃）

人冇千日好，花冇百日红。（好景不长）

深山冇老虎，猴牯称大王。（小人得志）

六十莫过夜，七十莫过餐。（年纪老了，时有不测，不要在外面逗留）

在家千日好，出门半周难。（出门打工不容易）

出门看天色，入门看面色。（善于察言观色）

有爷着爷害，莫爷自己会。（没人依靠时，自己就会去干）

穷人莫望亲，天旱莫望云。（穷人要靠自己奋斗摆脱贫困，不要依赖亲戚）

人不可貌相，水不可斗量。（不可仅凭外貌判断其才能）

落雨天担稻草，越担越重。（压力越来越大）

人莫生活计，不怕你斗量金。（没有计划乱花钱，即使收入很高也枉然）

食了三包豆，还不知黄豆乌豆。（不动脑子，干了也不知怎么回事）

百人中意百客，伯母中意大伯。（各有所爱）

田螺不知尾皱，狐狸不知尾臭。（自己的缺点看不到，还爱对人说三道四）

置不得子孙屋，买不得子孙田。（不要为子孙置办产业，不然子孙会好逸恶劳）

想好又想好，又想棉被又想袄。（得寸进尺，贪得无厌）

四方砖，不踢不滚，踢一下动一下。（笨拙、不灵活的人）

说一线，留一线，留来日日好相见。（讲话留有余地，不要把亲友得罪尽了）

想睡碰到枕头。（碰巧遇上好事）

食不穷，着不穷，冇划冇算一世穷。（计划很重要）

夜夜想到千百般，天晨爬起坐门槛。（光想不行动）

夫妻吵架莫冤仇，床头相骂床尾和。（夫妻争吵，过一会就会和好如初）

青竹蛇一条就够，泥蛇一篓都莫用。（真正的人才不在多，庸才再多都没用）

笼鸡也要一撮米，莫油煎卵不脱锅。（想得到什么都要付出）

人畏强人鬼畏法，猪狗头牲畏屠伯。（一物降一物）

老姜做过嫩姜来，老竹做过笋芽来。（每人都经历过青春年少）

水浸牛嫲皮，浸也三斤半，不浸也三斤半。（人有坏习惯，屡教不改）

老话篇

连城特色谜语

◎ 杨彬芳

高山岽头一把椅,千人万人扛不起。(谜底:坟墓)

高山顶头一把秆,秆下两个卵,卵下一穴地,地下一口塘,白石头、砌塘坎、红鲤鱼、塘底放。(谜底:头部)

千条线,万条线,掉到水里看不见。(谜底:下雨)

你哭他也哭,你笑他也笑,你问他是谁,他说你知道。(谜底:镜子)

雷公轰轰,落雨点点,前山来,后山转。(谜底:谷砻)

青竹子,戴笠嫲,爷生子,子生爷。(谜底:芋子)

白罐子,装猪膏,过不久,会长毛。(谜底:鸡蛋)

长颈鹅,偷食谷,见人来,爬上屋。(谜底:碓)

泥轿扛铁轿,铁轿坐观音,观音戴凉笠,目汁漉漉出。(谜底:饭甑)

泥中出世,布中做生意,肉中赚食,手中得病,牙中送老命。(谜底:跳蚤)

壁上二把扇,摸得到,看不见。(谜底:耳朵)

一幢屋子矮塌塌,里面可住五个客。(谜底:鞋)

俏媳妇,先过桥,黄肿布娘慢慢摇。(谜底:筛米)

生在深山,来到人间,孪生兄弟,形影不离,甜酸苦辣,它总先尝。(谜底:竹筷)

竹做城墙尺半高,能住几亿兵和将,夏天秋天住金兵,闲时城里有一兵。(谜底:谷箩)

后 记

文化记忆　生活素养

◎ 林百坤

又到一年收获时节,《连城客家民间典故文化》如期和大家见面了。

《连城客家民间典故文化》一书的编写和出版,是对连城县客家文化的又一次深入挖掘和整理。全书分故事篇、传说篇和老话篇,共三篇十个专栏。

这里记录着连城历史上重要的事件。从建县史实到地名故事,从姓氏来源到人物足迹,每一个历史片段都不只是对过去的回忆,更多反映出连城人民的智慧和努力,这正是连城发展至今的重要基石。通过对这些历史事件的了解,我们可以更好地理解连城的今天及其未来的发展方向。同时,历史中的伤痛也是我们不能忽视的部分,我们应当以勇敢和坦诚的态度去记忆和反思,从中吸取教训,促进社会的和谐与进步。

这里传播着连城人的传统价值观念。这些价值观念具有深厚的历史根源,代表着连城人的思维方式和行为准则,既有家庭、社会和国家利益的兼顾,又强调个人责任和社会责任的统一;既有对祖先的敬仰,对长辈的尊重和关爱,又强调个人谦虚谨慎的心态和对他人友好互助的态度;既有对个人品行的要求,又有对才能的赞美;既有对行善者的褒扬,又有对施恶者的鞭挞……这些价值观念的存在和传承,不仅影响着个人的行为举止,也影响着整个社会的道德风尚,有助于培养具有责任感和道德观念的公民,推动社会的文明进步。

这里呈现出连城人遵循的行为规范和习俗。人们的价值观念、生活方式和社会习俗通过礼仪和民俗表现出来,从而对人们的行为进行规范和约束，使之能够维系社会秩序，传承文化传统。同时，增强文化认同感和社会凝聚力，建立良好的人际关系，增进社会互信，促进社会稳定。应该说明的是，连城县客家研究联谊会曾经编写了《连城客家节庆民俗文化》《连城客家传统礼仪文化》两本书，对连城客家的民俗和礼仪进行过专门的介绍，本书再用一个专栏来介绍这方面的部分内容，是从全书完整性来考虑的。另外，作为全国武术之乡，连城武术在这块土地上传承千年，留下了许多足以振奋人心、启迪智慧的典故，本书没有收录武术方面的素材，也是因为我们编写了《连城客家武艺文化》一书，对连城武术感兴趣的朋友，应该可以从此书中找到所需。

这里流传着连城人的千年老话。这些经典的、历史悠久的言辞，既有大雅的高屋堂号，又有大俗的乡间俚语。悠久的历史隐藏在简洁明了的语句中，生活的智慧用巧妙的话语道出，言简意赅，鞭辟入里，给我们以深深的启迪。

凡此种种，不仅包含了丰富的历史文化信息，更是凝聚着客家人民的智慧和精神。编辑出版《连城客家民间典故文化》，就是要对民间典故这一宝贵资源进行挖掘和整理，使之有利于对中华优秀传统文化的保护、传承和弘扬。

本书能如期出版，我们首先要表达对所有参与编写此书的编委、专家、作者的深深敬意。他们在浩如烟海的历史资料中，精心筛选、梳理，将那些珍贵的民间典故呈现给读者。他们辛勤的工作和精益求精的精神，使得本书成为连城客家文化研究的又一部精品。由于篇幅限制，我们不得已舍弃了部分文章，留下了些许遗憾。

我们还想感谢所有提供支持的单位和个人。县交通运输局为我们提供了古建筑危桥改造的事例，供我们选用和宣传，还慷慨出资支持本书出版，如果没有他们的帮助和支持，这本书的编写和出版困难会更大。我们也要感谢所有关心和支持我们做连城客家文化研究的社会各界人士，正是有了他们，挖掘整理连城客家文化的工作才得以顺利开展。

  最后，我们希望本书的出版，能够引起更多人对连城客家民间典故文化的关注和研究，进一步推动连城客家文化的传承和发展。我们相信，只有通过更深入的研究和更广泛的传播，连城客家文化才能在新时代中焕发出更加璀璨的光芒。